rowohlt
PAPERBACK

W0060558

JAN FLEISCHHAUER

DER SCHWARZE KANAL

WAS SIE SCHON IMMER VON LINKEN AHNTEN, ABER NICHT ZU SAGEN WAGTEN

Rowohlt Taschenbuch Verlag

Die Texte in diesem Band sind zuerst unter dem Titel
«S.P.O.N. – Der schwarze Kanal» bei SPIEGEL ONLINE
erschienen und wurden für den Druck leicht überarbeitet.

Die Zeichnungen von Greser & Lenz sind zuerst in der
Frankfurter Allgemeinen Zeitung und im *Stern* erschienen.

Originalausgabe

Veröffentlicht im Rowohlt Taschenbuch Verlag,
Reinbek bei Hamburg, Mai 2012
Copyright © 2012 by Rowohlt Verlag,
Reinbek bei Hamburg
© SPIEGEL ONLINE GmbH, Hamburg 2012
Umschlaggestaltung ZERO Werbeagentur, München
(Umschlagabbildung: © FinePic, München)
Satz aus der Sabon PostScript (PageOne)
bei Dörlemann Satz, Lemförde
Druck und Bindung GGP Media GmbH, Pößneck
Printed in Germany
ISBN 978 3 499 62975 4

INHALT

VORWORT ZUM GELEIT

Neulich erreichte mich über Facebook die Zuschrift des Lesers Mick Jelnikow. «Die absolut widerwärtige Grütze, die Sie regelmäßig bei SPIEGEL ONLINE veröffentlichen müssen, können Sie sich in Ihre öligen Haare schmieren», schrieb er mir. «Der Gipfel der Unverschämtheit ist Ihr heutiger Erguss ‹Lichterkette für Guttenberg›. Sie sind ein total kaputter Typ.»

Eine wöchentliche Kolumne ist eine wunderbare Sache. Welcher Journalist träumt nicht davon, regelmäßig das Tagesgeschehen kommentieren zu dürfen? Man bekommt auch ein schönes Foto und gelegentlich Einladungen in Talkshows. Nur sollte man nicht erwarten, dass einen die Leute ins Herz schließen, zumindest dann nicht, wenn man solche Sachen schreibt wie ich. Die Wahrheit ist: Mick Jelnikow ist nicht der Einzige, der mich für einen total kaputten Typen hält. Tatsächlich scheint es sogar ziemlich viele Menschen zu geben, die so denken wie er.

Wenn es einen Preis für die meistgehasste Kolumne in Deutschland gäbe – ich glaube, ich hätte gute Aussichten, ihn zu gewinnen. Ich will mich nicht beklagen. Wer unter seinem Namen Meinungsbeiträge veröffentlicht, sucht die Aufmerksamkeit der Öffentlichkeit; deshalb sollte er auch nicht zu empfindlich sein, wenn es Widerspruch gibt. Trotzdem stelle ich mir natürlich hin und wieder die Frage, warum sich viele Leser durch den «Schwarzen Kanal» so provoziert fühlen, dass sie den Deutschen Presserat an-

rufen oder Aufrufe für ein sofortiges Publikationsverbot
ins Netz stellen. Ich bemühe mich um einen heiteren Ton,
selbst wenn die Umstände ernst sind. Ich beleidige niemanden, rufe nicht zu unüberlegten Handlungen auf und
mache auch keine abfälligen Kommentare über irgendwelche Randgruppen. Ich habe sogar aufgehört, weiter
böse Sachen über Claudia Roth zu verbreiten. Aber all
das ändert nichts daran, dass ich als jemand gelte, der von
«Demokratie, Rechtsstaat und fairem Journalismus»
keine Ahnung hat, wie es ein Leser im «Forum» bei SPIE-
GEL ONLINE formulierte. Um von bestimmten Leuten
für schwer gestört gehalten zu werden, reicht es offenbar,
dass man sich nicht ganz doll vor dem nächsten Atomun-
fall fürchtet, Datenschutz für eine deutsche Marotte hält,
der Marktwirtschaft trotz aller Turbulenzen die Daumen
drückt und generell nichts Schlimmes dabei findet, wenn
die Regierung in der Euro-Krise versucht, das Geld der
Bürger vor dem Zugriff der Nachbarn zu schützen. Mit
anderen Worten: wenn man die Dinge so sieht wie eine
große Zahl von Menschen in Deutschland.

Bei einer Kolumne, die «Der schwarze Kanal» heißt,
liegt die Vermutung nahe, dass die schärfsten Kritiker
aus der linken Glaubenswelt stammen. Gelassenheit ist
in diesem Milieu keine besonders ausgeprägte Tugend,
wie ich schon an anderer Stelle feststellen konnte. Tatsächlich reagieren gerade Linke sehr aufgeregt, wenn sie
mit Anschauungen konfrontiert werden, die ihren eigenen
Überzeugungen widersprechen. Das mag auch damit zu-
sammenhängen, dass sich Linke am liebsten unter ihres-
gleichen aufhalten, allen Beschwörungen des Multikultila-
rismus zum Trotz. Sie sind es einfach nicht gewohnt, auf
abweichende Meinungen zu stoßen, schon gar nicht in
einem Medium, das für viele seiner Leser dort zu stehen

hat, wo sie selber stehen. Wenn es doch passiert, und dazu noch an einer so prominenten Stelle wie einer Kolumne, sind sie verständlicherweise irritiert. Vielleicht sollte man den Leuten raten, mehr aus sich herauszugehen. Die Begegnung mit Andersdenkenden kann durchaus bereichernd sein, wie ich aus eigener Erfahrung weiß. Wirklich.

Die Idee zu der kolumnistischen Plattform auf SPIE-GEL ONLINE entstand im Herbst 2010 bei einem Mittagessen mit dem Verleger Jakob Augstein. Es gibt nicht viele Plätze im deutschen Journalismus, wo man im Prinzip machen kann, was man will. So einen Platz für jeden Wochentag zu etablieren schien uns ein lohnendes Ziel. Sieben Tage, sieben Köpfe – mit diesem Prinzip hatte schließlich schon RTL Erfolg gehabt. Wir waren uns auch sofort einig, dass so eine Unternehmung nur im Internet eine Chance haben würde. Augstein erschien mir für das Vorhaben der ideale Partner. Er ist trotz seines Vermögens sehr links (eine Kombination, die nicht ganz so selten ist, wie man vermuten sollte), und er ist erfreulich furchtlos (was ihn nun wiederum von vielen seiner Glaubensgenossen eindeutig unterscheidet). Außerdem gehört er zu den wenigen Linken, die sich über Widerspruch freuen, ja, diesen geradezu herausfordern. «Natürlich wieder großer Unsinn, was Du geschrieben hast, aber sehr lustig», lautet eine typische Aufmunterungs-Mail von ihm.

Als ich mit dem «Schwarzen Kanal» anfing, hatte ich Angst, mir würden die Themen ausgehen. Man will sich ja nicht ständig wiederholen. Wie sich herausstellte, waren meine Sorgen umsonst. Vor ein paar Jahren hat der amerikanische Philosoph Harry G. Frankfurter ein Buch vorgelegt, das der Frage nachgeht, warum es so viel Bullshit in der Welt gibt. 27 Wochen hielt sich seine Abhandlung auf der Bestsellerliste der «New York Times», was zeigt, dass die Frage offenbar eine Menge Menschen bewegt. Leider gibt es für Bullshit kein gutes deutsches Wort. Humbug wäre eines, aber es trifft nicht wirklich das Wesen dieser nahezu allgegenwärtigen Form des Blödsinns. Das politische Leben ist eine schier unerschöpfliche Quelle von Bullshit. In kaum einem anderen Berufsfeld trifft man so viele Menschen, die mit todernster Miene den größten Schmonzes von sich geben, obwohl man meinen sollte, sie müssten sofort in schallendes Gelächter ausbrechen.

Eindeutig bullshitfördernd ist dabei die Tendenz, aus jeder politischen Entscheidung eine moralische Frage zu machen. Politik bedeutet zunächst die Abwägung von Interessen, nicht von moralischen Gütern, aber das gerät im modernen Vollzug oft in Vergessenheit. Wo alles zu einer Wahl zwischen Gut und Böse gerät, kann es nicht ausbleiben, dass die Proportionen verschwimmen und der Realitätsbezug leidet. So kommt es, dass wegen fünf Euro Hartz IV die soziale Eiszeit droht und eine stümperhafte Doktorarbeit das Land gleich auf den Weg in «eine andere Republik» führt. Ein Nebeneffekt der Moralisierung von Politik ist der völlige Verlust von Ironie. Tatsächlich ist das Moralische dezidiert ironiefeindlich, da sich in der Ironie eine Distanz verrät, die antipathetisch wirkt. Ohne Pathos aber ist Moral nicht zu haben, schon gar nicht die «Moralhypertrophie» (Arnold Gehlen) der politisch motivierten Gesinnungsethik.

Es gibt bessere und schlechtere Tage für einen politischen Kolumnisten. Am schönsten sind natürlich die Wochen, in denen sich das Land in einen kollektiven Erregungszustand hineinredet (haben wir wirklich über zwei Monate mit der Wulff-Affäre zugebracht?). Aber auch in den eher flauen fällt genug ab. Versuchen Sie mal, einem Außenstehenden zu erklären, warum wir Deutsche kein Problem haben, uns mit anderen nackt in die Sauna zu setzen, aber sofort unsere Privatsphäre verletzt sehen, wenn jemand unser Haus fotografiert. Das Land steckt voller Widersprüche.

Keine Frage, es gäbe genug Gründe, sich nicht nur über die linke Seite des politischen Spektrums lustig zu machen. Auch die Konservativen haben ihre Obsessionen, die aufzuspießen sich lohnt. Mein Eindruck ist nur: Dies Geschäft besorgen schon genug Leute. Wo ist der Witz, als zweiundachtzigste Stimme in den Guttenberg-Verdammungschor einzufallen? Wenn mir eines an der Linken immer gefallen hat, dann ist es ihr Eintreten für Minderheiten. In diesem Sinn ließe sich also sagen: Der «Schwarze Kanal» steht verlässlich auf Seite derjenigen, auf die das Schwert der öffentlichen Meinung niedergeht, ohne dass sich eine Hand zu ihrer Verteidigung rührt. Der Kollege Alan Posener von der «Welt» hat mir kürzlich vorgehalten, ich würde ja nur die «Süddeutsche Zeitung» lesen und dann einfach das Gegenteil behaupten. Wenn es bloß so einfach wäre. Unvorhersehbarkeit beweist sich nicht nur, indem man laufend seine Meinung wechselt; manchmal kann die Originalität gerade darin bestehen, dass man seinem Standpunkt treu bleibt. Außerdem gibt es wirklich schwierige Mandanten. Rupert Murdoch war kein einfacher Fall, wie ich in aller Bescheidenheit sagen darf, und auch der Freiherr zu Guttenberg hat es einem im letzten Jahr nicht immer leichtgemacht.

Wenn ich die Haltung beschreiben sollte, aus der heraus die in diesem Band versammelten Kolumnen entstanden sind, dann würde ich sie als heiteren Pessimismus bezeichnen. Ich bin nicht der Meinung, dass die Linken an allem Schuld sind (außer vielleicht am Verfall der Tischmanieren, den trage ich ihnen wirklich nach). Ich glaube auch nicht, dass unser Land dem Untergang geweiht ist, wenn sie wieder die Macht übernehmen sollten, wie ich überhaupt ziemlich immun gegen Untergangsängste bin. Ob die Welt danach allerdings ein besserer Platz wäre, wie vielfach behauptet, scheint mir doch eher fraglich. Ansonsten halte ich mich an den Satz von Karl Kraus: «Was trifft, trifft auch zu.» Daran gemessen kann nicht alles verkehrt sein, was sich im Folgenden an Texten findet – das ist jedenfalls die Hoffnung, an der ich mich festhalte.

UTOPIE UND TERROR

Selbst in der eigenen Partei waren sie zuletzt etwas un-
glücklich über die Vorsitzende der Linken und ihr Bekenntnis zum Kommunismus. Allerdings weniger aus in-
haltlichen Gründen, wie die halbherzigen Distanzierungen
zeigten. In der Sache hatten dort nur die wenigsten an den
Äußerungen von Gesine Lötzsch etwas auszusetzen. Man
nahm ihr vor allem übel, dass sie den Leuten so direkt auf
die Nase gebunden hatte, wohin die Reise mit der Linkspartei geht, sollte sie wieder an die Macht kommen.

Von einer «unglücklichen Formulierung» sprach Gre-
gor Gysi entschuldigend; wer über Kommunismus rede,
müsse damit rechnen, dass andere dabei auch an Stalin
und die Mauer dächten. Ja, an was denn sonst? Etwa an
die Segnungen der chinesischen Kulturrevolution, die vor-
bildlichen marxistischen Erziehungsexperimente in Kam-
bodscha oder die Vorzüge der kleinen Dschungeldespotie
auf Kuba?

Ihren Kinderglauben an die moralische Überlegenheit
des Kommunismus hat sich die Linke in Deutschland bis
heute nicht nehmen lassen, das gilt weit über die Linkspartei hinaus. Niemand klaren Verstandes käme auf die
Idee, am Nationalsozialismus noch irgendetwas Gutes
zu sehen; beim Kommunismus, der anderen mörderischen
Großideologie des 20. Jahrhunderts, ist das selbstverständlich anders. Der Trick besteht darin, Idee und Aus-
führung zu trennen. Linke meinten mit Kommunismus

etwas «sehr Edles», heißt es von Leuten wie Gysi in schöner Unschuld, nämlich eine «höchst gerechte und humane» Gesellschaft. Das Ideal ist nur ohne die entsprechende Praxis nicht zu haben.

Der Klassenwahn endet, konsequent zu Ende gedacht, nicht viel besser als der Rassenwahn. Es ist kein Zufall, dass überall dort, wo sich Revolutionäre daranmachten, die marxistische Idee in die Wirklichkeit zu überführen, als Erstes die Umerziehungslager eröffneten. Wer eine klassenlose Gesellschaft anstrebt, wird die Feinde dieser Gesellschaft aus dem Verkehr ziehen müssen. Die kommunistische Utopie, in der Gier und Egoismus ausgemerzt sind, setzt auf die Verbesserung des Menschengeschlechts, anders funktioniert es nicht. Weil man ewig darauf warten müsste, dass sich der Mensch von selber bessert, kommt man nicht umhin, von Staatswegen nachzuhelfen, daher immer auch der Terror.

Zu den Meinungen, mit denen man sich in Deutschland aus gutem Grund unmöglich macht, gehört die Verharmlosung der Nazi-Diktatur. Wer heute von den Opfern spräche, die «im Namen des Nationalsozialismus» ihr Leben ließen, hätte sich diskursmoralisch zu Recht disqualifiziert. Wenn umgekehrt die Abgeordnete Sahra Wagenknecht angesichts der 90 Millionen Toten, die auf das Konto des praktischen Marxismus gehen, von den Verbrechen spricht, «die im Namen des Kommunismus begangen wurden», findet komischerweise niemand etwas dabei.

Irgendwie gelten die Leichen, die der Kommunismus hinterlassen hat, immer noch als bedauerlicher, aber entschuldbarer Betriebsunfall der Geschichte. «Vertreibung der Kulaken durch Stalin» nannte Jürgen Habermas schon im berühmten Historikerstreit nonchalant, was mit schätzungsweise 10 Millionen Toten eine der größten Auslöschungsaktionen der Geschichte ist. Das «Schwarzbuch des Kommunismus», eine erste Aufzählung der in der Umsetzung der marxistischen Theorie verübten Verbrechen, wurde im deutschen Feuilleton vor allem unter der Frage diskutiert, ob man «roter Holocaust» sagen dürfe. Ansonsten galt das «Schwarzbuch» als «Tendenzhistorie» (Hans Mommsen), die auf «Pauschalverurteilungen statt Erklärungen» setze. Manchmal können Pauschalverurteilungen durchaus angezeigt sein.

WARUM GRÜN NICHT DAS NEUE GELB IST

Zu den politischen Wieselwörtern, die derzeit in Mode sind, gehört das von den Grünen als «neuer FDP». Die Grünen, so heißt es, könnten dem liberalen Bürgertum, das sich von den Freidemokraten abwendet, eine neue Heimstatt bieten. In einem bemerkenswerten Interview mit dem «Handelsblatt», das marktwirtschaftlich denkenden Menschen naturgemäß besonders nahesteht, hat der Parteivorsitzende Cem Özdemir alle enttäuschten FDP-Wähler eingeladen, doch beim nächsten Mal grün zu wählen. «Unsere Arme sind weit geöffnet», erklärte er und setzte hinzu: «Der von mir sehr verehrte Ralf Dahrendorf würde sich heute (…) bei den Grünen wohler fühlen.»

Auf den ersten Blick spricht einiges für die Annahme, dass die Grünen die immer neuen Tiefständen entgegentaumelnde FDP beerben könnten. Ihre Anhänger rekrutieren sich in großer Zahl aus einem Milieu, das mit dem der Liberalen viele Gemeinsamkeiten aufweist: Sie sind wie diese überdurchschnittlich gebildet, überdurchschnittlich gut verdienend, auch ausgesprochen statusbewusst und politisch interessiert. Oft wohnen beide Wählergruppen sogar Tür an Tür, also in den durchgrünten Innenstadtlagen mit Altbaubestand, wo die ärgerlichen Begleiterscheinungen des Großstadtlebens in angenehmer Distanz bleiben.

Soweit mit dem Wort von der «neuen FDP» allerdings auch weltanschauliche Übereinstimmungen gemeint sind, könnte nichts von der Wirklichkeit weiter entfernt sein. Tatsächlich sind die Grünen in ihrem Wesenskern das genaue Gegenstück zu einer liberalen Partei. Von den fünf im Bundestag vertretenen politischen Organisationen ist die FDP heute die einzige, die sich einen Rest gesunder Staatsskepsis bewahrt hat, was mit der Soziologie der Anhängerschaft korrespondiert. Nur in ihr lebt noch der Gedanke fort, dass der Griff in die Tasche der Bürger zu begründen ist, nicht umgekehrt die Abstinenz davon.

Die Grünen hingegen sind ganz und gar Partei des öffentlichen Dienstes, er bildet ihr eigentliches Rückgrat, daher auch die ausufernden Sozialprogramme in ihrem Forderungskatalog, die ja nicht nur den Bedürftigen zugutekommen, sondern mindestens ebenso verlässlich den Agenten des Sozialstaats, die diese Programme exekutieren sollen. Ihre treueste Anhängerschaft hat die Ökopartei traditionell neben der BAT-Boheme in den Betreuungsbe-

Es rumort weiter in der FDP

rufen, also dem kaum noch zu überschauenden Heer der Sozialarbeiter und psychologisch geschulten Fachkräfte, die von den sozialstaatlichen Reparaturaufträgen leben.

Schon die Achtundsechziger, aus deren Reihen viele Frühgrüne stammten, waren ganz vernarrt in den Staatsdienst, allen anderslautenden Proklamationen zum Trotz. Nie wieder stieg die Zahl der öffentlich Beschäftigten schneller als zwischen 1968 und 1978. Die Linksavantgarde erkannte schnell, dass es sich von der Warte der kündigungssicheren Festanstellung mit dynamisiertem Rentenanspruch besser über das Elend der Gesellschaft philosophieren lässt als aus den zugigen Etagen des freien Unternehmertums oder der selbstfinanzierten Gegenwelt.

Für die Grünen ist die Begriffsverwirrung relativ gefahrlos. Ihre Anhänger wissen schon, was sie an ihnen haben, da machen ein paar Avancen ins andere Lager niemanden kirre. Bei den Wählern der FDP kann man da nicht so sicher sein. Insofern mag sich der Etikettenschwindel sogar auszahlen, jedenfalls so lange, bis dann die Rechnung präsentiert wird.

SONNENCREME UND KRIEGSHANDWERK

Die letzte Enthüllung über das Leben auf der Gorch Fock betraf ein paar Runden Wasserski auf offenem Meer, da war die Betroffenheit schon hinreichend groß. Von «unhaltbaren Zuständen» und «schikanösen Befehlen» war die Rede; «solche Skandale, die in erster Linie Vorgesetzte zu verantworten haben, schaden dem Ansehen der Bundeswehr», erklärte der außenpolitische Sprecher der Unionsfraktion, Philipp Missfelder. Doch wo genau lag im Rückblick eigentlich der Skandal? In der rauen Behandlung an Bord, die aus Abiturienten Soldaten machen soll, oder nicht eher in der Wehleidigkeit der Marinekadetten, die den Kommandanten dazu veranlasste, sich über deren mangelnde körperliche Tüchtigkeit zu beklagen?

Natürlich ist es nicht schön, von seinen Vorgesetzten angeherrscht oder angebrüllt zu werden, das hat niemand gerne, aber in einem normalen Unternehmen pfeifen einem auch keine Kugeln um die Ohren. Was die vielbeklagten Ekelrituale angeht, lässt sich nur sagen: Da ist man von jeder Folge «Dschungelcamp», an dem sich jedes Mal die halbe Nation weidet, Schlimmeres gewöhnt. Der Gewinner der letztjährigen Staffel, Peer Kusmagk, wäre froh gewesen, wenn er den Kopf nur in ein bisschen braune Pampe hätte stecken müssen. Der arme Kerl wurde zum Abschluss mit Ratten in einen Sarg gesteckt, so sieht Menschenschinderei aus!

Irgendwie scheint aus dem Blick geraten, dass die Kadetten, die sich beim Wehrbeauftragten über einen unerträglichen Druck an Bord beklagten, keine Rekruten waren, sondern Offiziersanwärter, also Männer und Frauen, von denen man erwartet, dass sie später im Gefecht einen kühlen Kopf bewahren und die richtigen Befehle geben. Unter Feindbeschuss kann man leider auch nicht mit dem Hinweis, man habe noch Sonnencreme an den Fingern, das Gewehr zur Seite legen.

Aber genau hier liegt möglicherweise das Missverständnis, das dem Fall solche Aufregung bescherte: Das Kriegshandwerk ist mit der Käßmann-Kultur, in der man anderen mit ganz viel Verständnis begegnet, nur bedingt kompatibel. Wir haben uns offenbar immer noch nicht an den Gedanken gewöhnt, dass die Bereitschaft zu töten im Krieg unabdingbar ist – was uns allerdings nicht daran hindert, gleichzeitig im Bundestag das Afghanistan-Mandat zu verlängern und damit weitere Soldaten einem erstaunlich rücksichtslos agierenden Feind entgegenzuschicken.

Der Tod der jungen Kadettin, die beim Aufentern den Halt verlor, ist tragisch und für die Eltern ein grausamer Verlust, aber der Alltag in einer Armee ist zwangsläufig mit besonderen Gefährdungen verbunden. Seit Indienstnahme der «Gorch Fock» als Marineschulschiff sind dort sechs junge Menschen ums Leben gekommen; jedes Jahr gibt es bei der Bundeswehr tödliche Unfälle, weil sich versehentlich ein Schuss löst oder jemand unter eine Panzerkette gerät. Wer sich für die Offizierslaufbahn entscheidet, weil er kostenlos Zahnmedizin oder Vergleichbares studieren will, dem kann man nur den Rat geben, dies an einer normalen Uni zu tun, das Militär ist dafür nicht der richtige Platz. Wo die Auszubildenden mit Waffen und scharfer Munition hantieren, wird es immer deutlich gefährlicher zugehen als in einem Labor oder Hörsaal.

Man kann nun eine Gleichstellungsbeauftragte an Bord schicken, wie es der Wehrbeauftragte empfohlen hat. Man kann neben der Kapitänskajüte auch eine Mobbingstelle einrichten und regelmäßige psychologische Schulungen für die Stammbesatzung abhalten. Aber all das wird nichts daran ändern, dass die genaue Kenntnis des Antidiskriminierungsgesetzes in kriegerischen Auseinandersetzungen nur bedingt weiterhilft. Wichtiger – und jedenfalls zum Überleben weit vorteilhafter – ist die zuvor erworbene Fähigkeit, sich unerschrocken seiner Haut zu erwehren. Daran wird auch die Aufregung über den großen «Gorch Fock»-Skandal in absehbarer Zeit nichts ändern.

Was war wirklich los auf der Gorch Fock?

WESTERWELLE:
EINE ANTIZYKLISCHE VERTEIDIGUNG

Es ist zugegeben ein heikles Unterfangen, Guido Westerwelle verteidigen zu wollen. Man setzt sich sofort der Gefahr aus, mit in den Verachtungsstrudel zu geraten, der
ihn in die Tiefe gerissen hat. Aber es ist an der Zeit, ein
gutes Wort für ihn einzulegen – schon aus Gründen der
Fairness, die allen aufgeklärten Menschen angeblich so
am Herzen liegt. Wenn es einen Fall gibt, wo das Antidiskriminierungsgesetz Anwendung finden sollte, dann doch
wohl hier.

Über keinen deutschen Politiker ist nach wie vor so viel
Abträgliches im Umlauf wie über den ehemaligen Parteichef der FDP. Westerwelle kann machen, was er will, am
nächsten Tag steht in den Zeitungen, warum es falsch war.
Erst schreibt man ihn unisono herunter, dann nimmt man
die sinkenden Sympathiewerte als Bestätigung, dass man
mit seiner Einschätzung richtiglag, und setzt noch einen
drauf. Nicht die Tatsache, dass nur noch 22 Prozent der
Deutschen ihn sich als Außenminister wünschen, ist angesichts dieses medialen Abwertungsverfahrens die Nachricht. Die eigentliche Sensation ist, dass sich überhaupt
noch so viele Menschen trauen, ihm auf Nachfrage ein po-
sitives Zeugnis auszustellen.

Sicher, Westerwelle ist ein politischer Freak, aber ist das
Claudia Roth nicht auch? Seit sechs Jahren steht die ehemalige Bandmanagerin der « Ton Steine Scherben » als

oberste Emotionalienhändlerin den Grünen vor, mit wöchentlich wechselnder Haarfarbe und stets griffbereitem Taschentuch, und trotzdem zieht nicht jeder über die arme Frau her, die Betroffenheit zum Wesensmerkmal guter Politik erklärt hat.

Es ließen sich leicht noch andere Beispiele für Mandatsträger finden, an deren Auftritten man Anstoß nehmen könnte. Wer einmal näher mit Oskar Lafontaine zu tun hatte, kann nur den Kopf über alle schütteln, die ihm seine öffentlich bekundete Sorge um die Minderbemittelten abnehmen. Aber nur bei Westerwelle ist sich die Klasse der Meinungsmacher so einig, dass er ein Wichtigtuer, ein Blender, kurz, ein Unglück für Deutschland sei. Man sollte erwarten, dass es irgendwann langweilig wird, immer den gleichen Sack zu prügeln. Beim Außenminister kennt der Spaß daran offenbar keine Grenzen.

Nicht einmal sein Bekenntnis zur Homosexualität hat ihm geholfen, dabei ist die Zugehörigkeit zu einer allgemein anerkannten Opfergruppe zumindest im linken Lager normalerweise ein verlässlicher Schutz gegen hässliche Bemerkungen, tragen sie einem doch sofort den Vorwurf ein, ein Rassist, Sexist oder Schlimmeres zu sein. Bei Westerwelle sind alle Schmähungsbarrieren außer Kraft gesetzt, was einen zu der Vermutung bringen kann, dass sich in Bezug auf seine Person Vorbehalte artikulieren, die man sonst in den progressiven Kreisen nicht zu äußern wagt. Zu den beliebtesten Verballhornungen seines Namens gehört, wie sollte es anders sein, das Wort « Schwesterwelle ». Was bei jedem anderen sofort einen Strafbesuch in einem Gender-Seminar nach sich zöge, erzeugt in seinem Fall nur beifälliges Gelächter.

Westerwelle wird der Rollenerwartung nicht gerecht, die gerade in linken Vierteln an Homosexuelle gerichtet wird, das ist möglicherweise der tiefere Grund für die nahezu pathologische Abneigung, die ihm von dort entgegenschlägt. Schlimm genug, wenn ein Politiker gegen die Ausweitung von Hartz IV ist und den Sozialstaat insgesamt für zu groß und mächtig hält – aber ein Schwuler? Von den Angehörigen ehemals verfolgter Minderheiten wird eine besondere Sensibilität erwartet, wenn es um die sozialen Belange anderer Minderheiten geht, die noch um Anerkennung als Verfolgte ringen. Wer selber einmal ausgegrenzt war oder jedenfalls herkunftsmäßig dieses Schicksal teilt, wird automatisch zu den Anwälten der gemeinsamen Sache gezählt. Westerwelle ist so gesehen ein Verräter, er verweigert sich der geforderten Identitätspolitik. Das ist der Skandal, der ihm nun bodenlose Verachtung einträgt.

GEORGE BUSHS LINKE ERBEN

Also: Der Westen ist schuld. Gut, dass dies schon mal geklärt wäre. Wo immer sich der Volkszorn entlädt, wie zuletzt in der arabischen Welt, darf der Verweis auf Amerika, den großen Satan, nicht fehlen. Die USA stehen eigentlich stets am Pranger, wenn es sich zu empören gilt, da kann man nie falschliegen. Israel natürlich auch, allerdings erst im zweiten Satz. So viel Rücksicht auf die Geschichte nimmt man im aufgeklärten Lager dann doch.

Diesmal lautete der Vorwurf, die Amerikaner hätten das korrupte Regime in Ägypten gestützt und damit ihre Werte verraten. Davon abgesehen, dass die Deutschen nie in die Verlegenheit kommen, ihre Werte aufzugeben, weil sie außenpolitisch keine nennenswerte Rolle spielen, muss man leider sagen: So ist das mit der Realpolitik. Wer die Interessen der freien Welt vertritt, darf bei der Wahl seiner Verbündeten nicht allzu wählerisch sein, sonst steht er schnell ziemlich allein da.

Die offene Gesellschaft hat außerhalb von Europa weniger Freunde, als wir gerne annehmen wollen. Selbstverständlich wäre es wünschenswert, man würde nur mit Regierungen zusammenarbeiten, die unsere Vorstellungen von einem demokratischen Gemeinwesen teilen. Dann bliebe allerdings in der Region, auf die wir seit letztem Jahr so gebannt schauen, nur Israel übrig, das einzige Land im Nahen Osten, das seinen Bürgern alle westlichen Freiheitsrechte garantiert, inklusive Frauen, Homosexuellen und Andersdenkenden. Aber das wäre ja irgendwie auch nicht recht. Tatsächlich liegen die Sympathien gerade vieler aufrechter, linksdenkender Menschen nicht bei den Israelis, die selbst den arabischen Einwohnern in ihrer Mitte mehr Freiheiten gewähren als alle Nachbarstaaten zusammen, sondern erstaunlich oft bei den frauenverschleiernden, schwulenhassenden, minderheitenverachtenden Moslembrüdern im Umland. Rätsel Aufklärung.

Mit Sicherheit wäre man eher geneigt, den öffentlichen Anklagen Glauben zu schenken, wenn sich die Empörung über den Diktator Husni Mubarak und seine Satrapenregierung schon früher Bahn gebrochen hätte. Im Archiv von ARD und ZDF findet sich nur leider kein einziger kritischer Beitrag über die finsteren Seiten des ägyptischen Regimes, das dann in sich zusammenbrach. Und was heißt überhaupt Diktator? Hieß der Mann vor nicht allzu langer Zeit noch, von «taz» bis «Süddeutsche», respektvoll «Präsident Mubarak»? Na gut, auch im Journalismus setzt die Erkenntnis manchmal verspätet ein, dafür dann umso heftiger.

Nun wird also eine wertegeleitete Außenpolitik gefordert, die weltweit entschlossen für die Menschenrechte eintritt. Das klingt gut, wer will etwas dagegen haben? Eigenartig nur, dass dieselben Leute, die jetzt so vehement mehr Idealismus einfordern, gerade eben noch die USA für ihre Abkehr von den Prinzipien der Realpolitik gescholten haben. Es war, so schmerzlich dies auch für den einen oder anderen sein mag, der verhasste George W. Bush, der an die Demokratisierung der islamischen Welt glaubte und sich dafür den Hohn und Spott der gesammelten Linken einhandelte.

Ohne auch nur einen Muslim näher zu kennen, wussten alle gleich, warum sich das Modell westlicher Demokratien nicht auf eine rückständige Gesellschaft wie den Irak übertragen lasse und der neokonservative Glaube an den universalen Drang nach Freiheit und Fortschritt naiver Unsinn sei. Möglicherweise hatten die Kritiker sogar Recht, wenn auch aus den falschen Gründen. Für viele Menschen scheint die Aussicht auf Stabilität und Ordnung in der Tat mindestens so wichtig zu sein wie die Garantie bürgerlicher Grundrechte.

Jetzt können wir nur gemeinsam hoffen, dass der Freiheitsdrang am Ende siegt. Die ägyptischen Muslimbrüder haben Amerika und Israel ebenfalls als die Schuldigen ausgemacht, allerdings in der umgekehrten Reihenfolge. Für sie ist Mubarak ein «zionistischer Agent», weshalb er wie die Zionisten vernichtet gehört, dann kommen die «Helfer» aus Amerika. Die eigentliche Revolution ist so gesehen, dass die arabische Jugend nicht auf die Straße ging, um US-Flaggen zu verbrennen und Israel den Tod zu wünschen, sondern sich die eigene Regierung vornahm. Mal sehen, wie lange das anhält.

EINE TRÄNE AUF REISEN

Einer der großen Vorzüge der Sozialdemokratie war immer ihr unsentimentaler Blick auf die Welt. Eine Bewegung, die schon die Bismarck'sche Sozialistenverfolgung hinter sich hat, ist naturgemäß nicht so leicht zu erschüttern. Unvergessen der Auftritt des großen Franz Müntefering, der in einer Rede vor dem Bundestag zur Zukunft der Rente daran erinnerte, es werde nicht helfen, «Lotto oder Balalaika zu spielen und zu hoffen, dass man so morgen oder übermorgen ausreichend Geld in der Tasche hat». So reden Leute, die sich einen nüchternen Realitätssinn bewahrt haben, deshalb verdankt das Land der SPD auch die Hartz-IV-Gesetzgebung.

Doch Mentalitäten ändern sich, wie man weiß, und weil die Durchgrünung der SPD weit fortgeschritten ist, hat auch sie jetzt an führender Stelle ihre Claudia Roth, für die nicht die Bestandsaufnahme der Wirklichkeit, sondern die freie Träne zählt. Der mecklenburgischen Sozialministerin und stellvertretenden Parteivorsitzenden Manuela Schwesig wird eine große Karriere vorausgesagt, seit sie bei den Verhandlungen über die Hartz-IV-Bezüge die Sozialdemokraten vertrat. «Frau Merkel ist eine eiskalte Machtpolitikerin, sie hatte keine Lust mehr darauf», erklärte Schwesig mit bebender Stimme, als das vorläufige Scheitern der Gespräche feststand. «Darüber bin ich sehr sauer. Ich habe daran gedacht, was geht bei denen vor, die dieses Geld brauchen. Daran denkt aber die Kanzlerin nicht. Sie hat zwei Millionen arme Kinder verraten.»

Es ist verständlich, wenn man nach einer langen Verhandlungsnacht darüber enttäuscht ist, dass man sich mit seinen Positionen nicht durchsetzen konnte, aber muss man deshalb gleich die Fassung verlieren? Ja, man muss, unbedingt. Es gilt sogar als Zeichen besonderer Authentizität, wenn man sich als Politiker die Erschütterung anmerken lässt, dass die andere Seite so uneinsichtig war, auf ihrer Meinung zu beharren; schließlich geht es ja um Belange, die keinen Aufschub vertragen.

Der Sentimentalpolitiker appelliert an den Affekt, das verleiht ihm solche Überzeugungskraft. Er vertritt grundsätzlich Anliegen, gegen die kein normaler Mensch etwas haben kann: den Schutz der Robben, der Eisbären oder

Der Zickenkrieg der Hartz-Verhandlerinnen spielt mit der Not der Menschen

eben der «armen Kinder». Wer Einwände vorbringt oder wie im Hartz-IV-Streit auf die Berechnungsgrundlage verweist, zeigt nur, dass er ohne Herz ist, wie es Frau Schwesig der Bundeskanzlerin so gefühlsstark vorgehalten hat. Da muss man sich mit den lästigen Fragen einer Regelung, die 60 Milliarden Euro im Jahr an Steuergeldern verschlingt, nicht mehr länger beschäftigen, etwa der, wie es eigentlich sein kann, dass der Aufschwung am Arbeitsmarkt an den Hartz-IV-Beziehern fast komplett vorbeigeht.

«Kälte» ist einer der Signet-Begriffe der Gefühlspolitik. Wenn die Gegenseite regiert, sinkt immer gleich die Temperatur, dabei würde der armen Robbe ein wenig mehr Kälte ganz guttun. Das andere Signalwort im politischen Emotionalienhandel ist Angst. Da kann ein ganzes Podium von Fachleuten geduldig erklärt haben, warum der neue Golfplatz kein bedrohliches Risiko darstellt: Es muss nur jemand aufstehen und sagen, er habe aber solche Angst, dann ist die Sache gelaufen. «Da können die Experten einpacken», wie die Autoren des munteren Büchleins «Schöner denken» das Prinzip schon vor ein paar Jahren beschrieben.

Das ist alles sehr sympathisch, ohne Zweifel, so wie ja auch Manuela Schwesig eine hochsympathische Person ist. Die Frage ist nur, wie gut sich ein Land regieren lässt, wenn einem ständig das Herz blutet. Verantwortliche Politik kommt ohne Zumutungen nicht aus – spätestens in der Außenpolitik braucht es einen kühlen Kopf. Oder glaubt jemand ernsthaft, dass ein Nicolas Sarkozy oder Wladimir Putin auch so beeindruckt wären, wie nun die deutsche Medienöffentlichkeit, wenn eine Bundeskanzlerin Schwesig ihnen entgegenhielte, sie sei jetzt aber so betroffen?

GRÜNER VAMPIRISMUS

Zu den großen, unvollendeten Projekten der Parteivorsitzenden Angela Merkel gehört die Modernisierung der CDU. Weiblicher, jünger, großstädtischer soll die Partei werden, mit einem Wort: irgendwie grüner. Da liegt es nur nahe, auch auf Regierungsebene zusammenzuführen, was scheinbar längst zueinanderwill. Noch traut sich die Kanzlerin nicht, selbst von einem Bündnis mit den Grünen zu reden; als «Hirngespinste» hat sie entsprechende Überlegungen abgetan, so viel Rücksicht auf den aktuellen Koalitionspartner nimmt sie dann doch. Aber schon eine Ebene tiefer, in der zweiten Reihe der Partei, redet man munter über die Vorzüge einer schwarz-grünen Verbindung.

Sie sei ein offener Mensch und gehe auf die Leute zu, antwortete die CDU-Spitzenkandidatin für die Landtagswahlen in Rheinland-Pfalz, Julia Klöckner, ganz unbefangen auf die Frage, wie sie über eine Koalition mit den Grünen in Mainz denke. «Schwarz-Grün ist nicht tot, weder in den Ländern noch im Bund», heißt es von der stellvertretenden CDU-Vorsitzenden und Forschungsministerin Annette Schavan, die eine besonders enge Vertraute der Kanzlerin ist. Die FDP gilt in diesen Kreisen nur noch als Klotz am Bein, dessen man sich gern schnell entledigen würde. Man weiß nur noch nicht genau, wie.

Besonderen Beifall findet die endgültige Umarmung von Grünen und Christdemokraten in den Meinungsetagen des linksliberalen Bürgertums, kaum ein politisches

Projekt erfreut sich dort solcher Zustimmung. Die glühendsten Befürworter trifft man dabei unter langjährigen Grün-Wählern, die mit Angela Merkel 2005 erstmals CDU gewählt haben und die deswegen bis heute ein schlechtes Gewissen quält. Ein schwarz-grünes Zusammenrücken wäre die nachträgliche Absolution des halbherzigen Lagerwechsels, der Beweis, dass die Union im Kern doch gut ist und man mit seiner Wahlentscheidung nicht die eigenen Ideale verraten hat.

Eine ganz andere Frage ist, wie der Union eine solche Operation bekommen würde. Nach den bisherigen Erfahrungen kann man nur sagen: Good luck, liebe CDU! Das schwarz-grüne Vorzeigeprojekt in Hamburg ist krachend gescheitert. Weil die Grünen mitten in der Legislatur einfach das Wirtstier verließen, wird die Stadt nun wieder links regiert. Dass die Umweltfreunde in der neuen Regierung nicht mehr vertreten sind, liegt am überraschend starken Abschneiden der SPD, aber auch sie konnten zulegen.Tatsächlich haben schwarz-grüne Koalitionen immer nur einen Verlierer, wie ein Blick nach Köln und Kiel zeigt, wo ein solches, von allen Seiten gelobtes Bündnis schon vorher so endete wie das in Hamburg.

Wer sich mit den Vertretern der Ökopartei einlässt, sollte sich anschließend nicht wundern, wenn er kräftig Blut lässt. Diese Erfahrung mussten schon die Sozialdemokraten machen, die sich an der Seite der Grünen deutlich mehr veränderten als diese an der Seite der SPD. Wir haben uns angewöhnt, beide Parteien als natürliche Partner zu sehen, dabei stand die Sozialdemokratie der Ökopartei in ihren Traditionsrevieren lange ausgesprochen skeptisch gegenüber. Die Technikfeindlichkeit der Grünen war ihr ebenso fremd wie deren gesellschaftspolitischer Erneuerungsglaube. Die SPD war dem kapitalistischen

Fortschritt immer aufgeschlossen, in normalen Lebensfragen dagegen ziemlich konservativ, bis sie an der Seite der Grünen lernte, Gentechnik, Kernkraft und Hochgeschwindigkeitszüge als unmodern zu empfinden und die Patchwork-Familie als modern.

Ein Ergebnis dieser Wandlung besteht darin, dass die CDU die letzte deutsche Volkspartei ist. Aber auch dieses Monopol lässt sich brechen

DIE IRRTÜMER DER GUTTENBERG-GEGNER

Es ist immer wieder rührend mit anzusehen, wenn sich Menschen, die einst schon den Verzicht auf ein Deo und das «Sie» in der Anrede als revolutionäre Tat feierten, Sorgen um die Erosion bürgerlicher Verkehrsformen machen. Überall herrschte großes Händeringen – je weiter man nach links blickte, desto ringender. Der Grünen-Fraktionschef Jürgen Trittin sah «Sitte und Anstand» in Deutschland gefährdet und das «Vertrauen in die Institutionen des Landes» erschüttert, die Vertreter der Linkspartei beklagten den Verfall der «politischen Kultur in Deutschland», die SPD glaubte das Land bereits auf dem Weg in «eine andere Republik».

Was war passiert? Hatte die Bundeskanzlerin für den Tag ihres Ausscheidens einen Vertrag mit dem Kremlkonzern Gazprom geschlossen? War ihr Mann in den Aufsichtsrat eines großen Unternehmens berufen worden, obwohl er eingestandenermaßen nichts von Wirtschaft versteht? Nein, der Bundesminister der Verteidigung, Karl-Theodor zu Guttenberg, hatte sich bei der Abfassung seiner Doktorarbeit zu großzügig aus den Arbeiten anderer Leute bedient. Eine unverzeihliche Schlamperei bei den Fußnoten, und schon drohte den «Fundamentalwerten einer bürgerlichen Gesellschaft» irreparabler Schaden.

Zunächst einmal ist festzuhalten, dass Guttenberg gerade kein Bürgerlicher ist, wie schon ein Blick auf die Liste seiner Vornamen zeigt, vom Freiherrn ganz zu schweigen.

Wenn überhaupt, dann lässt der fahrlässige Umgang mit den Usancen des Wissenschaftsbetriebs ein Standesbewusstsein erkennen, wie es dem Adel seit jeher eigen ist. In dieser Welt nimmt man sich, was einem zu gebühren scheint. Das war früher, als noch das «ius primae noctis» galt, die Tochter des Müllermeisters und heute eben der «Dr. jur.» an der Universität Bayreuth. Gerade Linke sollten Klassenunterschiede kennen, ihr ganzes Theoriegebäude beruht schließlich darauf. Aber irgendwie scheint den heutigen Vertretern die Erinnerung an die Grundbegriffe des Marxismus abhandengekommen zu sein – was nur den Schluss zulässt, dass die meisten tief und fest geschlafen haben, als die Kritik der politischen Ökonomie an der Reihe war.

Nun kann man natürlich auch die Bundeskanzlerin dafür schelten, dass sie ihren Verteidigungsminister nicht gleich fallenließ, als sie die «Süddeutsche» dazu aufforderte. Indem sie ihn halte, gebe sie ein verheerendes Bei-

Neue Plagiatsvorwürfe gegen Guttenberg

spiel, hieß es. Nun ja. Jedes Kind durchschaut die Empörungsroutine, mit der das Opfer des Volkshelden gefordert wurde. Der Opposition ging es nicht um die Wissenschaftsstandards in Deutschland, sondern um den Fall eines Ministers, der immer noch populärer ist als alle Führer der Gegenseite zusammen. Das war legitim, hatte aber nichts mit Moral zu tun. Außerdem ist es durchaus auch ein konservativer Wert, einem bedrängten Kameraden in schwerer Stunde beizustehen.

Es ist überhaupt ein Missverständnis, von Konservativen ein durchgängig untadeliges Benehmen zu erwarten, nur weil sie noch Werte wie Redlichkeit und Anstand im Munde führen. Krumme Touren, Ehebruch oder Bereicherung im Amt kommen in den besten Familien vor, da machen die Rechten keine Ausnahme. Die Frage ist nur, ob man dies als tadelnswerte Abweichung betrachtet oder eher als lässliche Sünde, ja sogar lobenswerte Auflehnung gegen die repressive Bürgermoral. Auch in Bayreuth verleiht sich ein Doktorand nicht selber seine Note. So gesehen hätten die Professoren, die dem Minister mit der ewigen Verachtung des Wissenschaftsbetriebs drohten, ihren Zorn lieber gegen die eigenen Kollegen richten sollen, die für eine aus Zeitungsartikeln und Lexikoneinträgen zusammengeschusterte Arbeit ein «summa cum laude» vergeben hatten.

In der Elite hatte man sein Urteil schnell gefällt, jetzt erwartete man, dass die Leute folgten und ebenfalls den Kopf des Ministers forderten. Umso größer das Unverständnis, dass die Mehrheit zu dem bedrängten Manne hielt. Nach der ersten Runde an Vorwürfen stiegen dessen Sympathiewerte sogar noch einmal. Dies konnte man sich in den aufgeklärten Vierteln nur mit der Einfältigkeit der Masse erklären, Volksverachtung gehörte hier ja schon immer zum guten Ton.

DIE FABELHAFTEN SCHRÖDERS

Wie schön wäre es, man könnte nur Gutes über Gerhard Schröder sagen, der Mann hat sich schließlich einige Verdienste erworben. Er hat der Republik die größte Steuerreform ihrer Geschichte beschert, wir verdanken ihm die Hartz-IV-Gesetze, die einen maßgeblichen Anteil an der wirtschaftlichen Gesundung des Landes haben. Außerdem war er sieben Jahre lang Bundeskanzler – die Achtung vor dem Amt allein gebietet, dass man höflich mit ihm umgeht. Aber genau da beginnt das Problem. So wie die Bürger aus gutem Grund jedem ihrer Kanzler Respekt zollen, sollte sich auch der einmal in das Amt Gewählte eine gewisse Zurückhaltung auferlegen, selbst wenn er dieses wieder los ist. Ein Bundeskanzler kann nicht machen, was er will; das gilt über die Amtszeit hinaus, so dachte man jedenfalls bislang. Aus gutem Grund führt er ja seinen Titel bis zum Lebensende.

Warum nimmt ein ehemaliger Regierungschef Geld von einem Mann, der einen, sagen wir, zweifelhaften Ruf in Deutschland genießt? Diese Frage stellt sich, seit bekannt wurde, dass der Finanzmakler Carsten Maschmeyer seinem Freund Gerd eine Millionen Euro hat zukommen lassen – für die Rechte an Schröders damals noch unveröffentlichten Memoiren, wie es zu diesem merkwürdigen Geschäft heißt. Dass ausgerechnet der Sozialdemokrat, der sich auf seinen Geschäftssinn so viel einbildet, nicht selber in der Lage gewesen sein soll, die vergleichsweise einfachen Verhandlungen rund um sein Buch selber zu führen, ist mehr als kurios.

Schröder scheint fest entschlossen, sich unmöglich zu machen. Tatsächlich gehören zu seinen internationalen Gesprächs- und Geschäftspartnern in überraschend großer Anzahl Leute, die bürgerliche Werte verachten und Demokratie für eine Staatsform für Schwächlinge halten. Auch seine Frau Doris geht bei ihrer Karriere eher ungewöhnliche Wege. Dass sie in den Aufsichtsrat des Handelskonzerns Karstadt berufen wurde, womit sie nun über das Wohl und Wehe von 25 000 Mitarbeitern entscheidet, verdankt sie jedenfalls nicht ihrer ökonomischen Sachkenntnis. In jedem anderen Land wäre es ein Skandal, würde die Gattin eines ehemaligen Regierungschefs in ein solches Amt befördert, bei uns ist es Grund, die Durchsetzung der Frauenquote zu loben. Was kommt bei den Schröders als Nächstes, fragt man sich. Ein Beratervertrag mit Assad? Eine gemeinsame Strategieagentur für abgehalfterte Despoten mit Husni Mubarak und seiner Frau Suzanne? Ein Doppel-Aufsichtsratsposten bei den Chinesen?

Irgendwie scheinen der Opposition die Maßstäbe ein wenig verrutscht. Es ist ja noch nicht lange her, dass die Sozialdemokraten im Bund mit Grünen und Linkspartei eine Rückkehr zu Sitte und Anstand gefordert haben. Es war, genau genommen, gerade mal eine Woche bevor die delikaten Engagements der Schröders ruchbar wurden. Fraktionschef Frank-Walter Steinmeier warf der Kanzlerin vor, die «Glaubwürdigkeit von Politik insgesamt» beschädigt zu haben, weil sie zunächst an ihrem Verteidigungsminister festhielt; Parteichef Sigmar Gabriel erinnerte daran, dass Politiker als Vorbild für Pflichtgefühl, Recht und Ehre dienten. Man hat das gerne gehört. Doch eigenartig, als es um den eigenen Mann ging, raffte sich niemand auf, mal ein deutliches Wort zu sprechen.

So viel Scheinheiligkeit und Verlogenheit war selten in Deutschland, hat die Kanzlerin nach dem Guttenberg-Rücktritt festgestellt. Es fällt schwer, ihr zu widersprechen. Mindestens so bedenklich wie die Schummelei bei einer Doktorarbeit sind Geschäftsbeziehungen, die an Vorteilsnahme grenzen. Aber hat man bei der SPD je ein Wort des Missfallens darüber gehört, dass eine ganze Reihe hoher Regierungsmitglieder unter Rot-Grün mit Posten in der Energiewirtschaft versorgt wurden? Wo blieb der Aufschrei, als sich der ehemalige Innenminister Otto Schily von einer Firma anstellen ließ, die nun die fälschungssicheren Personalausweise produziert, die er in seiner Zeit als Minister einführte?

«Es ist wirklich so weit gekommen, dass die Bezeichnung *ein guter Mensch* nicht verdient, wer nicht regelmäßig heuchelt, so wie er regelmäßig saubere Kleider trägt», heißt es bei dem großen Fritz Mauthner in seinem «Wörterbuch der Philosophie» unter dem Stichwort «Heuchelei».

POLITISCHE KETTENREAKTION

Eines muss man der Anti-Atom-Bewegung in Deutschland lassen: Ihre Reaktionszeit ist bemerkenswert kurz. Die Meldungen über einen Reaktorunfall im japanischen Fukushima waren kaum über die Agenturen gegangen, da meldeten sich schon die ersten Politiker zu Wort, die eine Abschaltung der deutschen Kraftwerke forderten. Andernorts in Europa waren die Bürger noch damit beschäftigt, sich einen Überblick zu verschaffen, was genau in dem Unglückswerk eigentlich vorgefallen war; dem deutschen Atom-Gegner reicht die Nachricht von einem brennenden Meiler, und er weiß, dass es Zeit für Mahnwachen ist.

Fast musste man den Eindruck gewinnen, mitten in Deutschland habe sich ein Atomkraftwerk in einer Kettenreaktion verabschiedet und nicht 10000 Kilometer entfernt an der japanischen Küste, aber so ist das in der Stimmungspolitik. Wenn es um die Angst geht, die noch immer am zuverlässigsten die Massen bewegt, ist sich jeder selbst der Nächste. Das ist menschlich, hat allerdings mit verantwortlicher Politik nicht viel zu tun, die auch in der Krise die Argumente wägen muss – und schon gar nicht mit der «Betroffenheit», die in solchen Fällen regelmäßig beschworen wird.

Viel war vom Mitgefühl mit den Menschen die Rede, die in Japan aus Sorge vor einer Kernschmelze aus ihren Wohnorten evakuiert werden mussten. Wer an diesem

POLITISCHE KETTENREAKTION

Mitgefühl Zweifel hegte, setzte sich heftigen Verwünschungen aus. «Inhuman, widerlich und zynisch» nannte
der grüne Bundestagsabgeordnete Volker Beck einen
Twitter-Eintrag, in dem der Autor dieser Kolumne den
Verdacht äußerte, dass der Kernkraftgegner im tiefsten In-
neren seines Herzens immer den Unfall herbeisehnt, weil
dieser auf drastische Art seine Befürchtungen bestätigt.
Vorausgesetzt natürlich, er ereignet sich nicht vor der
eigenen Haustür.

Der Apokalyptiker, der stets mit dem Schlimmsten
rechnet, braucht hin und wieder den Beweis, dass er mit
seiner Weltsicht richtigliegt, sonst ergeht es ihm am Ende
wie den Zeugen Jehovas, die den Tag des Jüngsten Gerichts schon dreimal verschieben mussten, weil er sich bislang einfach nicht einstellen wollte. Volker Beck handelte
selbstverständlich aus reinster Menschenliebe, als er kein
Mikrofon ausließ, um endlich dem Ausstieg aus der Kernenergie zum Durchbruch zu verhelfen – und so, ganz nebenbei, die Chancen seiner Partei bei den nächsten Landtagswahlen zu verbessern.

Die Forderung der Stunde lautete «Atomkraft abschalten sofort». Und, natürlich: «Mappus muss weg.» Inwie-
weit die Abwahl des baden-württembergischen Ministerpräsidenten den Menschen in den Krisengebieten helfen
sollte, deren Schicksal nun angeblich alle so bewegte, war
zwar nicht ganz klar, aber wahrscheinlich war die Losung
als Geste gelebter Solidarität zu verstehen. Der Atomtod
macht bekanntlich jeden zum Opfer, wo immer er auch
lebt, selbst wenn er anschließend nur auf japanische Shii-
take-Pilze verzichten muss.

Leben bedeutet, sich Risiken auszusetzen. Welche als
tragbar gelten und welche eben nicht mehr, wird in demokratischen Gesellschaften ständig neu verhandelt, das ge-

hört zum Wesen unseres Gemeinwesens. Atomkraft ist eine gefährliche Technik, und es wäre zweifellos wünschenswert, wir kämen ohne sie aus, aber genau daran bestehen Zweifel, jedenfalls wenn wir auf nahe Zukunft unseren Wohlstand nicht gefährden wollen. Manchmal ist sie sogar erschreckend zerstörerisch und lebensbedrohend, wie man immer wieder sehen kann. Aber das ist die Quecksilberproduktion auch, die in China in Gang gesetzt wurde, um unsere Energiesparlampen zu produzieren, die nun die Glühbirne ersetzen sollen. Dafür können sich die chinesischen Minenarbeiter mit dem Gedanken trösten, für einen guten Zweck, nämlich die Verbesserung des Weltklimas, an ihren Vergiftungen zu sterben. Vom Autoverkehr wollen wir gar nicht erst reden. Über 3000 Menschen fallen allein in Deutschland jedes Jahr dem motorisierten Bewegungsdrang zum Opfer, aber das hat (außer dem bewundernswert konsequenten Hans-Christian Ströbele) kaum einen ökologisch gesinnten Mandatsträger davon abgehalten, seinen Dienstwagen zu benutzen.

Es kommt eben offenbar darauf an, woran man stirbt, um das Mitgefühl der politisch schnell erregbaren Kreise zu wecken. Über die Toten, die vor der Küste von Sendai trieben, verlor bei den Atomkraftgegnern kaum jemand ein Wort, vielleicht weil man Stefan Mappus dafür nicht wirklich verantwortlich machen konnte. Offenbar taugt nur der Strahlentod, um in der Opferhierarchie ganz nach oben zu gelangen. Auch diesen Einwand kann man für zynisch halten. Aber besteht nicht der wahre Zynismus darin, die Toten einer Naturkatastrophe danach zu bewerten, ob sich ihr Schicksal hierzulande zum politischen Protest eignet?

KEIN BLUT FÜR ÖL

Wer hätte gedacht, dass sich der Verteidigungsminister einer bürgerlichen Koalition einmal zu der Vermutung versteigen würde, dass es beim Lufteinsatz der Alliierten in Libyen vornehmlich ums Öl ging? «Kein Blut für Öl» war bis dahin ein Slogan der radikalen Linken, mit dem jedes militärische Eingreifen des Westens zum Schutz der Zivilbevölkerung vor einem Tyrannen als imperialistische Großmachtpolitik entwertet wurde. Aber auch in diesem Punkt zeigte sich die Koalition lernfähig, wie die Einlassungen von Thomas de Maizière im «heute journal» nahelegten.

Jetzt sind wir also alle Atomkraftgegner. Und überzeugte Pazifisten. Und selbstverständlich wieder ganz eng mit den Demokratieverächtern im Osten. Man kann auch sagen: So einen Schwenk in der Sicherheits- und Außenpolitik hat das Land noch nicht erlebt. Dagegen nimmt sich die Wendung, die Gerhard Schröder seiner Partei nach den Terroranschlägen in New York zumutete, wie eine gemütliche Schunkelpartie aus.

Deutschland steht nun an der Seite von so «bedeutenden Ländern und auch Partnern wie Brasilien, wie Indien, wie Russland und auch China», um in der Diktion des Außenministers zu bleiben. Das ist ein in jeder Hinsicht bemerkenswerter Erfolg. Das hat nicht mal die rot-grüne Vorgängerregierung hinbekommen, die sich bei ihrem Appeasement gegenüber dem irakischen Diktator Saddam

Hussein immerhin der Unterstützung Frankreichs sicher sein konnte. Die Kanzlerin verkündete immer wieder, mit ihr werde es keine deutschen Soldaten in Libyen geben. Dabei sah sie großzügig darüber hinweg, dass es im Uno-Sicherheitsrat nicht um den Kampfeinsatz deutscher Streitkräfte gegangen war, sondern zunächst nur um die Frage, ob die internationale Staatengemeinschaft einem Mann in den Arm fallen soll, den selbst der Bundespräsident kurz vorher als Psychopathen bezeichnet hatte. Doch was soll's, es war Wahlkampf, da darf man nicht zu zimperlich sein.

Aber vielleicht blieb uns ja auch gar nichts anderes übrig, als zu den alten Bündnispartnern auf Distanz zu gehen. Wer sich lieber heute als morgen aus der Kernkraft verabschieden will, muss nach anderen Energiequellen Ausschau halten. Da es die Kohle nicht sein kann (ganz, ganz böse, wegen des Weltklimas) und selbstverständlich auch nicht die Windparks im Norden, weil niemand die hässlichen Überlandleitungen vor seiner Haustür haben will, bleiben als Ersatz nur Gas und Öl. Das eine bekommen wir aus Russland, das andere vor allem aus der Wüste. Leider sind die Herrschenden dort nicht so nachsichtig wie die Amerikaner, die uns noch jeden Tritt vors Schienbein verzeihen. Bei Diktatoren muss man sich schon etwas mehr anstrengen, um ihr Wohlwollen zu erhalten, sie sind immer sehr schnell beleidigt.

So gesehen lief es zunächst gar nicht so schlecht. «Die Deutschen haben uns gegenüber eine sehr gute Position eingenommen», erklärte Muammar al-Gaddafi im deutschen Fernsehen und stellte im Gegenzug Aufträge und andere Hilfeleistungen in Aussicht. Eines muss man ihm lassen: Er ließ sich nicht lumpen. Pech für die Aufständischen in Bengasi, dass ihr Freiheitskampf nicht mit «unse-

rer Interessenlage» (de Maizière) übereinstimmte. Glück
für sie, dass sie die Amerikaner auf ihrer Seite hatten.

Es drängt sich die Frage auf, was genau noch mal so
falsch an Rot-Grün war, dass diese Regierung unbedingt
abgewählt gehörte. Die Entscheidung, die Steuern so zu
senken, wie sich das noch nicht einmal Helmut Kohl ge-
traut hat? Die Art und Weise, wie den Beziehern von So-
zialhilfe zugesetzt wurde, wieder Arbeit aufzunehmen?

Das sture Festhalten an der Wehrpflicht? Wahrscheinlich haben die Sozialdemokraten im Bunde mit den Grünen einfach die Großindustrie zu sehr hofiert und den Finanzmarkt zu stark liberalisiert. Ach ja, und dann ist da natürlich ihr Zögern beim Ausstieg aus der Atomenergie, das ist im Nachhinein einfach unverzeihlich. Zwischendurch galt es in der Union schon als Widerstandsakt, wenn einer wie der Abgeordnete Thomas Bareiß nicht gleich sein Bekenntnis zur Atomkraft von der eigenen Homepage nahm, das er vor dem Reaktorbrand in Fukushima dort eingestellt hatte.

Man darf gespannt sein, wie es weitergeht. Noch eine Legislaturperiode mehr, und die Kanzlerin zündet Lichterketten im Kanzleramt an, während der Verteidigungsminister bei einer Andacht von «Christen für den Frieden» im Bendler-Block steht. Dann werden auch die glühendsten Anhänger des linken Lagers erkennen, dass die wahren Erben von Rot-Grün heute wieder vorne auf den Regierungsbänken sitzen.

WILLKOMMEN IM LAND DES REGENBOGENS

Glückliches Baden-Württemberg. Nach 58 Jahren ist in dieser schwarzen Ecke der Republik der sozial-ökologische Fortschritt angekommen. Nun wird im Daimler-Land endlich dem Fahrrad der Vorzug vor dem Auto eingeräumt. Die Ordnungskräfte dürfen nie wieder Wasserwerfer oder Pfefferspray gegen die «Demokratie der Straße» einsetzen, wie Bürgerprotest fortan heißt; dafür bekommt jede Polizeidirektion eine «Gleichberechtigungsbeauftragte für den Bereich Genderpolitik».

Natürlich müssen alle Schulbücher überarbeitet werden, damit künftig auch die «Regenbogenfamilie» ihren angemessenen Platz im Unterricht findet. Jugendlichen Gewalttätern begegnet der Staat fortan mit «sozialem Lernen» statt konservativer «Law-and-Order-Politik», auf Drogenabhängige wartet die «Entkriminalisierung», und wer sich als Ausländer illegal im Ländle aufhält, darf auf vielfältige Eingliederungshilfen statt Abschiebung hoffen, schließlich will Baden-Württemberg «Verantwortung für die weltweiten Flüchtlingsprobleme übernehmen», wie es im 241 Seiten umfassenden Wahlprogramm der Grünen heißt. Ach ja, vergessen wir die Partnerschaft mit Burundi nicht, die zum Leben erweckt wird, um zur «Konsolidierung des burundischen Friedensprozesses beizutragen». Wer das für ein Randthema hält, kennt die Prioritäten der Grünen nicht. Burundi rangiert im «Jetzt!» überschriebenen Erneuerungsprogramm für die kommenden vier Jahre noch vor Arbeitsmarkt, Wirtschaftsförderung und Bildung.

Man darf vermuten, dass sich nicht jeder, der am Wahlsonntag dem ersten Grünen zum Amt des Ministerpräsidenten verhalf, vorher genau die Regierungspläne angesehen hat; da wird manchem noch die eine oder andere Überraschung blühen. Aber es hilft nichts mehr: In der Politik gibt es, anders als im normalen Geschäftsleben, kein Widerrufsrecht.

In der Union suchten viele die Schuld für den Machtverlust in Baden-Württemberg bei der Parteispitze in Berlin. Natürlich kann man der Kanzlerin den Vorwurf machen, den Leuten nicht entschieden genug ins Gewissen geredet zu haben. Ihr Schwenk in der Atompolitik war der untaugliche Versuch, das Bürgertum in den konservativen Stammvierteln vom Wechsel abzuhalten. Aber dafür war es mutmaßlich längst zu spät, wie der Protest gegen den Bahnhofsumbau in Stuttgart gezeigt hat. Der Politsentimentalismus, bei dem Bäume umarmt und Rindenkäfer gezählt werden, macht auch vor dem braven Bürger nicht halt – jedenfalls wenn es ihm über Jahrzehnte verlässlich gutgeht. Schon die Aufwertung der Straße zu einer Art Spontanplenum, auf dem sich, abseits der Wahlurne, der eigentliche Volkswille artikuliere, ist eine urlinke Idee. Jede Demonstration lebt seit 1968 von dem Gedanken, dass ein paar tausend Menschen, die selbstgemalte Schilder hochhalten und mehr oder minder geschickt gereimte Verse vortragen, ernst zu nehmender sind als parlamentarische Mehrheiten.

Die Basis des Bürgeraufruhrs, der die Grünen im Ländle an die Macht gebracht hat, bildet nicht gesellschaftlicher Reformwille, sondern Langeweile. Es ist kein Zufall, dass sich unter den Stuttgart-21-Aktivisten neben

Studenten und Rentnern, die eh nicht so recht wohin mit ihrer Zeit wissen, in erstaunlicher Anzahl die 45-jährige Hausfrau aus der Villa mit Hanglage einfand, um kurz vor den Wechseljahren noch einmal die Aufregung des Aufruhrs zu spüren. Kaum etwas ist ja erregender als die Wonnen der Unangepasstheit, das machte schon immer die besondere Verführungskraft der linken Ideenwelt aus. Man fühlt sich gleich so erfrischt und verjüngt, wenn man für das Gute kämpft und dabei das Blut des heiligen Zorns in den Schläfen spürt.

Wie überall im Leben gilt allerdings auch hier: kein Genuss ohne Reue. So wie die Stuttgarter Notarsgattin ganz überrascht war, wenn sich vor dem Südportal des Hauptbahnhofs am Ende doch der Wasserwerfer in Bewegung setzte, wird sie nun auch entgeistert feststellen müssen, dass grüner Erneuerungselan nicht bei der Planung weiterer Radwege Halt macht. Mit der Übernahme der Staatskanzlei folgt der Umbau des Bildungssystems, weil auch die Grünen von den Segnungen des gemeinsamen Lernens überzeugt sind.

Nach den Erfahrungen mit dieser Art von Schulexperiment zu urteilen, wird Baden-Württemberg seinen Platz an der Spitze der Pisa-Vergleiche nicht mehr lange halten können. Das ist dann allerdings nicht nur für das Stuttgarter Bürgertum eine betrübliche Nachricht: Von der Innovationskraft und Anstrengungskultur im Süden der Republik lebt das ganze Land, wie der Blick in jeden Länderfinanzausgleich zeigt. Diese Folgen eines Wahlsonntags teilen wir alle, ob wir mitgestimmt haben oder nicht.

FREIDEMOKRATIE LIGHT

Wie schlecht es um die FDP steht, kann man schon daran erkennen, wer ihr jetzt alles die Daumen drückt. Wenn ein Sentimentalsozialist wie Heribert Prantl von der «Süddeutschen» anfängt, sich um den Liberalismus in Deutschland Sorgen zu machen, muss es wirklich bitterernst sein. Weil Linke nur schwer Anteilnahme zeigen können, ohne gleich pädagogische Vorschläge zur Hand zu haben, wie es denn anders und vor allem besser ginge, fehlt es auch nicht an Vorschlägen, was die Freidemokraten unbedingt tun müssten, um das Ende abzuwenden.

Folgt man Leuten wie Prantl, ist eigentlich alles ganz einfach: Die FDP sollte endlich aufhören, dem Sozialstaat mit Misstrauen zu begegnen; natürlich muss sie ihre merkwürdige Abneigung gegen Steuern aufgeben, auf keinen Fall jedenfalls weiter dieses dummerhafte Gerede über Steuersenkungen weiter treiben, und überhaupt alle Hinweise darauf unterlassen, wer diesen Staat finanziert und wer nicht. Dies gilt in der politischen Wetterkunde als kalt, und kalt zu wirken ist bekanntlich das Schlimmste, was einer Partei oder einem Politiker in Deutschland nachgesagt werden kann. Kurz: Die FDP muss einfach nur so werden wie die vier anderen linken Parteien im deutschen Bundestag.

Dass Deutschland ein sozial gespaltenes Land sei, gehört zu den Sätzen, mit denen man unwidersprochen durch jede Talkshow und jeden Leitkommentar segelt.

Man darf nur nicht daran erinnern, dass sich diese Spaltung auch in der Steuerstatistik zeigt, wonach 20 Prozent der Steuerzahler für 80 Prozent des Steueraufkommens stehen. Das ist dann eine schlimme «Beleidigung des schwächsten Teils der deutschen Bevölkerung» beziehungsweise eine üble «Diffamierung von Millionen Hartz-IV-Beziehern», wie es sofort verlässlich heißt. Als der ehemalige FDP-Vizekanzler Guido Westerwelle seinerzeit darauf hinzuweisen wagte, dass auf Dauer kein Sozialstaat funktionieren kann, wenn man ohne Arbeit mehr verdient als mit regelmäßiger Beschäftigung, rauschte für eine Woche der Blätterwald. Da nützte es ihm auch wenig, dass viele Menschen, die einem normalen Beruf nachgehen, also nicht in der einen oder anderen Weise vom Steuergeld anderer leben, es als durchaus zutreffende Beschreibung der Situation empfanden, was für eine Erregungskünstlerin wie Renate Künast einfach nur «Sozialhetze» ist.

Es ist diese Skepsis der Liberalen gegenüber dem Wohlfahrtsstaat, die sie auf der anderen Seite des politischen Spektrums so verdächtig macht, daran werden alle Mitleidsbekundungen in diesen Tagen nichts ändern. Wer Zweifel am segensreichen Wirken des Staates anmeldet, ja diesen in seinem rastlosen Ausgreifen beschränkt sehen möchte, gilt schon als Staatsfeind – und das grenzt hierzulande gleich an Landesverrat. Der Sozialstaat hat viele Väter, angefangen mit Reichskanzler Otto von Bismarck, aber es ist das Verdienst der Linken, seine Heiligsprechung zu einer Frage der nationalen Identität gemacht zu haben. Alle ihre ungebundenen patriotischen Energien hat sie auf den Staat geworfen; sie spricht dann vom «Modell Deutschland», an dem sich andere mal ein Beispiel nehmen sollten. Das ist ihre Form des Nationalismus.

Es ist noch nicht abzusehen, wie der anhaltende Führungsstreit in der FDP ausgehen wird und wo sie danach ihren Platz sieht. Eine Möglichkeit ist, dass die neue FDP deutlich sozialdemokratischer wird als die alte. Die Vertreter dieser Linkswendung hoffen, dass mehr Leute die FDP wieder etwas lieber haben werden oder jedenfalls nicht immer gleich so schlecht über sie reden. Die Frage ist nur, ob es für diesen Schmuseliberalismus wirklich Bedarf gibt. Links der Mitte ist es schon jetzt ziemlich eng.

Die Zustimmung, die eine Partei für ihre politischen Vorhaben in Umfragen erfährt, drückt sich am Wahltag nicht notwendigerweise auch in Wählerstimmen aus. Das hat schon die Union leidvoll erfahren müssen, deren Wende in der Atompolitik ja nur die letzte Stufe eines umfassenden Modernisierungsprogramms war. In allen politischen Redaktionen genießen die Kanzlerin und ihre Arbeitsministerin für ihre Neuausrichtung gerade in der Familienpolitik hohe Sympathie. Das hindert aber keine der MeinungsmacherInnen, in der Stunde der Entscheidung dort ihr Kreuz zu machen, wo sie es schon immer gesetzt hat. Bei der CDU gibt es noch genug Polster, um das verkraften zu können, bei der FDP nicht mehr.

KOMM, WIR SCHOTTERN DIE VERFASSUNG!

Direkte Demokratie ist in der Praxis eine ziemlich vertrackte Angelegenheit. Wer wüsste das nicht besser als die
Grünen, die sich diese groß auf die Fahnen geschrieben
haben? Auch hier steht am Ende ein Votum und damit die
Möglichkeit, bei einer Abstimmung trotz aller Argumente
zu unterliegen. Das ist natürlich nicht schön. Zumal wenn
man es besser als die Mehrheit weiß, die bei dieser Form
der Mitbestimmung wie bei allen demokratischen Verfahren noch immer das Sagen hat, so voreingenommen und
uneinsichtig sie auch sein mag.

Zu den zentralen Wahlversprechen der Umweltfreunde
in Baden-Württemberg gehörte ein Volksentscheid über
das Schicksal des geplanten Bahnhofsumbaus in Stuttgart.
Seit sie in ihrem neuen Vorzeigeland im Süden die Macht
übernommen haben, können sie mit der Basisdemokratie
endlich auf breiter Front Ernst machen – doch genau da
beginnen die Probleme. Auch wenn die Umfrageinstitute
die Grünen schon zur politischen Großmacht erklärten,
die für das linke Lager den aussichtsreichsten Kanzlerkan-
didaten stellen werde, sieht die Wirklichkeit bescheidener
aus. Rund 15,5 Prozent der Wahlberechtigten haben in
Baden-Württemberg der Ökopartei ihre Stimmen gegeben.
Was ausreichte, um den Ministerpräsidenten zu stellen, ist
als Basis für Volksentscheide etwas dünn.

Die Grünen verfielen deshalb auf die naheliegende Idee,
die Regeln zu ändern, ab wann eine Mehrheit eine Mehr-

heit ist. Nach der Verfassung von Baden-Württemberg braucht es mindestens ein Drittel der Wahlberechtigten, um aus einer Volksbefragung siegreich hervorzugehen; von den 7,6 Millionen Bürgern hätten also mehr als 2,54 Millionen gegen das ungeliebte Bauprojekt stimmen müssen. Es bedurfte keiner besonderen Rechenkünste, um zu erkennen, dass es unter diesen Bedingungen für die Grünen mit ihren 1,2 Millionen Stimmen im Rücken nicht einfach werden würde. Also schlugen sie vor, per Koalitionsvertrag das erforderliche Quorum zu senken. Fortan sollte schon ein Viertel der Wahlberechtigten für einen Sieg ausreichen, das wäre dann auch für die neue Regierungspartei erreichbar gewesen.

Wenn es der guten Sache dient, sind in der grünen Überzeugungswelt Gesetzesübertretungen immer erlaubt. So wie die Demonstranten in Gorleben im Kampf gegen die Castortransporter die Bahnschienen lockerten, um den Atomstaat in die Knie zu zwingen, sollten jetzt eben die Streben der Demokratie aus ihrem Gleisbett gelöst werden. Es kam dann doch anders. Die SPD sperrte sich erfolgreich gegen das Ansinnen: Sie fand aus nachvollziehbaren Gründen, dass man ein Regierungsprojekt nicht gleich mit einem Anschlag auf die Landesverfassung beginnen sollte. Mit solch legalistischen Argumenten stießen die Sozialdemokraten bei ihrem Koalitionspartner naturgemäß auf Unverständnis, diesen Anfall von Verfassungstreue haben ihnen die Grünen bis heute nicht verziehen.

Die «Demokratie der Straße» setzt lieber auf Lautstärke als auf den Wahlzettel. Die Frage, wann bei dieser Form von Bürgerbeteiligung die erforderliche Mehrheit erreicht ist, um im normalen demokratischen Verfahren gefasste Beschlüsse zu kippen, wird aus gutem Grund von den Befürwortern derselben selten beantwortet. Reichen

5000 Demonstranten als Legitimationsbasis, das Parlament zu umgehen, wie in Gorleben, oder braucht es 500 000, wie sie in den Achtzigern bei den Demonstrationen gegen die Nachrüstung zusammenkamen? Eine Entscheidung übrigens, der wir den Zusammenbruch des Kommunismus und damit den Fall der Mauer verdanken.

Partizipation durch Bürgerprotest ist eine ziemlich undemokratische Veranstaltung, wenn man länger darüber nachdenkt. Wer sich in einer Bürgerinitiative engagiert, braucht eine kostbare Ressource im Überfluss, und das ist Zeit. Leute, die morgens um sieben Uhr aufstehen und nach Dienstschluss noch Haushalt und Kinder zu versorgen haben, können es sich schlicht nicht leisten, ständig auf irgendwelchen Vorbereitungstreffen herumzuturnen oder bei Menschenketten gegen eine Baumumsiedlung

Deutschland im Jahre 2022.

Händchen zu halten. Die Protestdemokratie ist immer auch eine Demokratie der Privilegierten.

«Volksabstimmung ist Volksverdummung» lautete ein neuer Wahlspruch der Stuttgart-21-Gegner, das ist nur konsequent. Das linke Lager unterscheidet aus gutem Grund zwischen dem «engagierten» Bürger und dem normalen Wahlgänger. Dass man der breiten Masse nicht wirklich über den Weg trauen kann, ist eine Erfahrung, die man links der Mitte seit 1968 immer wieder machen musste. Entweder blieb das Volk zu Hause hocken, statt sich der Revolution anzuschließen – oder es ging wie im November 1989 für die falsche Sache auf die Straße. In jedem Fall erwies es sich für die Avantgarde als große Enttäuschung. Deshalb ist klar, dass man die Dinge selber in die Hand nehmen muss, wenn es um wirklich Wichtiges geht.

DIE KOSTEN DER SONNENWENDE

Irgendwann, mit Verspätung, wurde dann auch mal übers Geld geredet. Das war zweifellos ein Fortschritt nach all den närrischen Wochen, in denen sich die Parteien gegenseitig mit Vorschlägen zu übertrumpfen suchten, wie schnell Deutschland auf die Atomkraft als Energiequelle verzichten könne. Der Blick aufs Preisschild hat immer etwas Ernüchterndes – es sei denn, man gehört zu den glücklichen Menschen, die sich ums Finanzielle keine Sorgen mehr machen müssen. Deshalb kommen Politiker ja auch so ungern auf die Rechnung zu sprechen, wenn sie sich an Vorhaben wagen, für die wir dann alle geradestehen.

Dass es nicht ganz billig werden würde, ließ sich von vornherein sagen. Die zwei Milliarden Euro, die Kurzzeit-Wirtschaftsminister Brüderle als Kosten für den Atomausstieg nannte, hätten noch nicht einmal gereicht, um die Einnahmen aus der Laufzeitverlängerung zu ersetzen, die nun im Bundeshaushalt fehlen. Aber der gute Mann hat es offenbar nicht so mit Zahlen. Seien wir froh, dass er nicht im Finanzministerium saß, wo man wirklich rechnen können muss, sondern in einem Haus, das schon vor langem seine Kompetenz in wesentlichen Fragen verloren hat.

Wer die Einlassungen zum sofortigen Atomausstieg überblickt, muss feststellen, dass es vor allem die Sozialdemokraten waren, die noch so etwas wie industriepolitische Vernunft an den Tag legten. In einer Nüchternheit, die man schon ketzerisch nennen kann, erinnerte der SPD-Fraktionsvorsitzende Frank-Walter Steinmeier daran, dass Deutschland ein bedeutender Industriestandort sei, weshalb nicht wenige Arbeitsplätze an einer sicheren Energieversorgung hingen. Auch Parteichef Sigmar Gabriel, der sonst noch jeden Zug in die Sonne der anstrengungslosen Zustimmung nimmt, mahnte wiederholt an, die Verbraucher nicht aus dem Blick zu verlieren, die am Ende die Kosten für alle energiepolitischen Großreformen tragen müssen. Der Vorschlag der SPD, zu dem von ihr ausgehandelten Atomkonsens mit dem Ausstiegsdatum 2020 zurückzukehren, machte sie unter den gegebenen Umständen fast zur Risikopartei. Man musste in der Diskussion den Eindruck gewinnen, dass jeder Tag, den wir die verbliebenen Kernkraftwerke am Netz lassen, ein Spiel mit dem Tod sei.

Im Gegensatz zu den Grünen, deren Klientel ein paar hundert Euro mehr oder weniger auf der Stromrechnung nicht wirklich schmerzt, vertritt die SPD auch Menschen, die am Ende des Monats froh sind, wenn ihnen von ihrem Gehalt etwas übrig bleibt. Außerdem findet sich in ihren Reihen noch eine ausreichende Anzahl von Leuten, die sich ein Gefühl dafür bewahrt haben, dass der Wohlstand des Landes nicht in den Ökomanufakturen erwirtschaftet wird, die nun fleißig Solarpaneele zusammenschrauben. Man mag das bedauern, aber jeder zehnte Arbeitsplatz hängt in Deutschland an der Automobilindustrie, und es sind dabei leider auch nicht die energieeffizienten Kleinwagen, die uns im Wettbewerb einen Platz vor der Konkurrenz garantieren.

Nach vorsichtigen Schätzungen wird die Energiewende den Strom für Privatkunden um gut 20 Prozent teurer machen. Schon jetzt liegt der Anteil von Steuern und Abgaben an jeder Kilowattstunde bei etwa der Hälfte des Endpreises; tatsächlich sind die Kosten für Herstellung, Transport und Vertrieb heimischer Energie bis zum Unfall in Fukushima nicht etwa gestiegen, wie die Lobbyisten der Ökoindustrie den Leuten weismachen wollen, sondern leicht gesunken. Dass die Verbraucher dennoch immer mehr zahlen, um es zu Hause gemütlich zu haben, liegt an den staatlich verfügten Subventionen für die Energiequellen, von denen nun so viele das Heil erwarten.

Es braucht keine besondere prophetische Gabe für die Voraussage, dass sich die Begeisterung für den schnellen

Alle reden vom Energiesparen

Atomausstieg schnell abkühlen wird, wenn die Bürger schwarz auf weiß vor sich haben, was er sie kostet. Vier von fünf Deutschen waren zwischenzeitlich für ein baldiges Ende der Kernenergie, wenn man den Umfragen glauben darf. Aber das ist keine sehr verlässliche Basis für politische Entscheidungen, wie jeder weiß, der die Methodik solcher Meinungsumfragen kennt. Genauso gut könnte man die Menschen fragen, ob sie nicht auch eine größere Wohnung oder ein schnelleres Auto bevorzugen würden. Solange es so aussieht, als ob es etwas umsonst gibt, sagt niemand von sich aus nein.

Deutschland unterzieht sich einem spannenden Großversuch, wie ihn keine Industrienation bislang gewagt hat. Das allein ist noch kein Grund für Pessimismus – man sollte sich eben nur im Klaren sein, worauf man sich einlässt. Die Äußerungen einiger führender Politiker aus dem Regierungslager geben allerdings wenig Anlass zur Vermutung, dass alle die Sache dort wirklich durchdacht haben. Wenn der niedersächsische Ministerpräsident David McAllister nun erklärt, Wind, Sonne und Wasser würden keine Rechnungen schicken, weiß man nicht, was man mehr bewundern soll: die Evangelikalrhetorik, mit der er jeden Kirchentag verzaubern würde, oder seine Unbekümmertheit angesichts einer Zukunftsfrage, von der mehr als die nächste Wahl in Hannover abhängt.

Wie schwierig die Lage schon jetzt ist, zeigt die Entscheidung der Bundesnetzagentur in Berlin im vergangenen Herbst, alle Wartungsarbeiten an den vorhandenen Hochspannungsleitungen auszusetzen, weil die Verantwortlichen den Blackout fürchteten. Man darf gespannt sein, welchen Verlauf die Diskussion über die Energiewende nehmen wird, wenn im Süden erstmals die Lichter ausgehen und an den Fließbändern bei Daimler und BMW mangels Strom die Arbeit ruht. Was wird die Bundesregierung dann wohl verfügen, um die aufgebrachten Gemüter zu beruhigen? Den «schnellstmöglichen» Wiedereinstieg in die Atomenergie, um in der Diktion der Kanzlerin zu bleiben? Ein Moratorium zur Risikoabschätzung der erneuerbaren Energien? Oder die Sicherung der Energiezufuhr aus Frankreich und Tschechien, notfalls auch unter Androhung deutscher Truppen nach Fessenheim?

DIE GROSSE DATENFRESSERANGST

Der Datenschutz ist einer der letzten Totempfähle der Linken. Wo immer sich jemand daranmacht, private Informationen zusammenzutragen, hebt die Klage über einen möglichen Missbrauch an. Es wird gewarnt und gemahnt, als stehe Orwells Überwachungsvision «1984» mit Zeitverzug kurz vor der Verwirklichung. Groß ist die Aufregung, wenn Google Straßen und Häuser fotografieren lässt, damit man sich in der Fremde besser orientieren kann, oder Apple die Positionen seiner iPhone-Kunden speichert, an denen sie sich ins Netz eingewählt haben. Von einer «Totalerfassung des öffentlichen Raums» ist dann die Rede respektive einem «Eingriff in die Privatsphäre», der Menschen «weltweit entsetzt», wie man im Verbandsorgan der deutschen Datenschutzgemeinde, der «Süddeutschen Zeitung», anschließend verlässlich nachlesen kann.

Ein Unternehmen, das Kundendaten sammelt, ist schlimm. Noch schlimmer ist ein Staat, der über seine Bürger nicht nur Steuernummer und Wohnort festhält. Es reicht schon, dass den Strafverfolgungsbehörden bei der Fahndung nach Gewalttätern der Zugriff auf die Telefonverbindungen der Verdächtigen zugestanden werden soll, und die Datenphobiker stehen kopf. In den Debatten des Frühlings ging das etwas unter, aber über die sogenannte Vorratsdatenspeicherung tobte in der Regierung ein Stellungskrieg, gegen den sich der Atomstreit wie ein beiläufiges Scharmützel ausnahm.

Die Union wollte eine Lösung, die es zum Beispiel im Terrorfall möglich macht, anhand der Rufnummern zu sehen, mit wem ein Verdächtiger in der Zeit davor so alles Kontakt hatte. Es sind, nur zur Erinnerung, exakt diese Angaben, die es den Sicherheitskräften in England erlaubten, der Attentäter auf die Londoner U-Bahn binnen weniger Tage habhaft zu werden. Die FDP, vertreten durch die Justizministerin Sabine Leutheusser-Schnarrenberger, bot einen «Quick Freeze» an, also den richterlich verfügten Zugriff auf die Anrufe, die jemand nach einer Tat getätigt hat. Da man dann allerdings in der Regel nicht mehr weiß, mit wem ein mutmaßlicher Täter zur Vorbereitung derselben übers Telefon im Austausch stand, ist diese Fahndungsmethode im Ermittlungsalltag nur bedingt von Nutzen. Das weiß auch Frau Leutheusser-Schnarrenberger, aber die Ministerin verfolgt höhere Ziele: Sie träumt schon länger davon, die FDP wieder ans linke Lager heranzuführen, das scheint ihr die passende Gelegenheit dazu. Weil die Führungsspitze der Freidemokraten ständig mit ganz anderen Problemen beschäftigt ist, ist niemand von Gewicht da, ihr entgegenzutreten.

Nicht ganz klar ist, was eigentlich Furchtbares passieren soll, wenn die Telekom die Verbindungsdaten ihrer Kunden nicht nur vier Wochen aufbewahrt, um dann ihre Abrechnungen zu erstellen, sondern, wie bei der Vorratsdatenspeicherung gefordert, ein halbes Jahr. Aber irgendwie stellen diese zusätzlichen fünf Monate eine enorme Gefahr für die Freiheit des Bürgers da. Wahrscheinlich geht es darum, für den Tag gewappnet zu sein, wenn der demokratische Staat wieder in eine Diktatur umschlägt und wir alle erneut zu kleinen Hans und Sophie Scholls werden. Da möchte man den Häschern nicht schon jetzt freiwillig die Mittel an die Hand geben, mit denen sie einen dann zu erledigen trachten. Anders lässt sich ja auch die Aufregung um die Apple-Software nicht erklären, mit der sich, wenn man denn über einen IT-Experten im Haus verfügt, ein detailliertes Bewegungsprofil des iPhone-Kunden erstellen lässt. Auch in Zukunft werden viele Ehen mutmaßlich eher an einer falsch versendeten SMS scheitern als an der kleinen Apple-Datei, in der alle Aufenthaltsorte der Telefonbesitzer hinterlegt sind.

Man wäre sicher geneigter, die Ängste vor dem staatlichen Datenzugriff ernster zu nehmen, wenn sie nicht von denselben Leuten geäußert würden, denen sonst die Ermächtigungsrechte des Staates nicht weit genug gehen können. Kaum handelt es sich ums Soziale, richtet die Linke ihre ganze Hoffnung auf den Apparat, dem sie eben noch alles Böse zutraute. Umgekehrt würde es eher Sinn machen, sollte man meinen: Im Alltag kommen viele Menschen auch ganz gut ohne staatliche Fürsorge aus, wenn man sie denn lässt. Dagegen hilft das schöne Subsidiaritätsprinzip gerade dann nicht weiter, wenn die innere und äußere Sicherheit berührt ist. Gegen die Feinde der demokratischen Rechtsordnung bietet nur der Staat verlässlichen Schutz – es sei denn, man würde auch hier zur Selbsthilfe zurückkehren. Aber das scheint dann doch ein sehr weitreichender Schritt zum Schutz der Privatsphäre.

STRAFE MUSS WEH TUN

Eines der nachhaltigsten Reformvorhaben der Nachkriegs-
geschichte, dessen Bedeutung im öffentlichen Bewusstsein
nie seinen angemessen Platz fand, ist die grundlegende
Modernisierung des Strafrechts. Die im Epochenjahr 1969
von der ersten sozialliberalen Koalition ausgelöste Gene-
ralüberholung hat die Strafzumessung in Deutschland
tiefgreifend verändert. Die Zahl der Menschen, die wegen
schwerer Vergehen ihre Freiheit einbüßten, ging schlagar-
tig und dauerhaft zurück. Wurden 1968, also ein Jahr vor
Beginn der Reform, 172 000 Straftäter zu Gefängnis ver-
urteilt, sind es seitdem, mit geringen Schwankungen, nur
noch knapp 70 000 im Jahr. Ein schöner Humanisierungs-
effekt, der sich allerdings nicht der gewachsenen Gesetzestreue der Deutschen verdankt, sondern ausschließlich der
gestiegenen Milde der Gerichte.

Den Enthusiasmus der Praktiker für die Strafzurück-
haltung haben die einfachen Bürger nie wirklich geteilt.
Im gemeinen Volk hält sich bis heute hartnäckig die Vor
stellung, dass dem Verbrechen eine Vergeltung folgen sollte.
Dieses Verlangen flammt bei Gelegenheit immer wieder
auf, sosehr sich die Experten auch mühen, die Vorzüge des
Vergeltungsverzichts zu preisen. Im vergangenen Jahr waren es die Gewaltbilder aus einem U-Bahnhof in Berlin, die
viele nach einer entschiedeneren Aburteilung rufen ließen,
in diesem Fall durch die Entscheidung befördert, den De-
linquenten sofort wieder auf freien Fuß zu setzen.

Das Problem ist dabei gar nicht so sehr die Haftver-
schonung für den jugendlichen Exzesstäter – auch wenn
man Zweifel haben kann, ob die Verhältnisse bei einem
18-Jährigen, der mal eben einen Passanten auf einem
U-Bahnhof fast zu Tode tritt, wirklich so «geordnet» sind,
wie die Berliner Staatsanwaltschaft dem Abiturienten
nach der ersten Anhörung sogleich bescheinigte. Das Problem ist eine Justiz, die weitgehend von Strafen absieht,
die von den Tätern und, vielleicht wichtiger noch, auch
den Opfern als solche empfunden werden.

Wer heute seiner Gewaltneigung freien Lauf lässt, wobei die Anlässe meist völlig nichtig sind, kann darauf vertrauen, dass sein Leben keine empfindliche Störung
durch den Sanktionsapparat erfährt. Selbst in Fällen, in
denen der Tod oder zumindest eine schwere Behinderung
des Zufallsopfers in Kauf genommen wird, steht am
Ende in der Regel eine Bewährungsstrafe, verbunden mit
der Auflage, einige Stunden in einem Altenheim soziale
Dienste zu verrichten oder beim örtlichen Gartenamt
auszuhelfen.

Wir haben uns angewöhnt, Strafe als pädagogische
Maßnahme zu sehen. Weil im Vordergrund des modernen
Strafrechts, wie es sich nach 1969 durchgesetzt hat, die
Resozialisierung, also Besserung des Übeltäters, steht,
misstrauen die Experten dem Gefängnis, das ja von seinem Wesen her noch immer weniger Therapie- denn Straf-
anstalt ist. So laufen alle Argumente gegen einen «Warn-
schussarrest», wie ihn die Bundesregierung als Reaktion
auf den Berliner Vorfall durchsetzen wollte, auch darauf
hinaus, die sozialpädagogisch bedenklichen Wirkungen
des kurzfristigen Freiheitsentzuges herauszustellen. «Wenn
jugendliche Gewalttäter ins Gefängnis müssen, kommen
sie meistens nicht besser raus», erklärte der grüne Bundes-

tagsabgeordnete Hans-Christian Ströbele folgerichtig die Ablehnung seiner Partei.

In den Hintergrund getreten ist dabei die Idee, dass Strafe Gewalt ist, ja ursprünglich auch sein soll. Sie vergilt das Übel grob asozialen Verhaltens mit einem anderen Übel. Oder wie es bei Karl Binding, einem der Hauptvertreter der bis 1969 gültigen Gerechtigkeitstheorie, heißt: «Der Zweck der Strafe kann also nicht sein, den Rebellen gegen die Rechtsordnung in einen braven Bürger zu verwandeln ... (Die Strafe soll) nicht heilen, sondern dem Sträfling eine Wunde schlagen.» Vor allem bei den Opfern von Straftaten und ihren Angehörigen überwiegt allen Strafrechtsreformen zum Trotz der Wunsch, den Täter leiden zu sehen für das, was er ihnen angetan hat. Sie erwarten von den Vollzugsorganen, ihnen eine Genugtuung zu verschaffen, die sie sich selber nicht verschaffen dürfen. Ganz unberechtigt ist diese Erwartung nicht: Das Gewaltmonopol des Staates gründet schließlich ganz wesentlich auf dem Versprechen, im Schadensfall nicht nur Appellationsstelle, sondern auch Satisfaktionsinstanz zu sein.

Selbst aufgeklärten Menschen kommen mitunter Zweifel, ob wir es mit dem Verständnis für die Täter nicht zu weit getrieben haben – das gilt spätestens, wenn sie selber zum Opfer einer Gewalttat geworden sind. In einer beeindruckenden Reportage hat die «Zeit»-Redakteurin Susanne Leinemann über einen Überfall berichtet, der sie nur knapp mit dem Leben davonkommen ließ. Drei jugendliche Schläger hatten ihr auf dem Nachhauseweg aufgelauert und sie mit der Sprosse eines Treppengeländers so zugerichtet, dass sie sich in einer Blutlache wiederfand. «Dabei sind alle drei das Produkt von lauter gut gemeinten Absichten – einer weitverzweigten Sozial- und Therapieindustrie, von Sozialpädagogen, Psychotherapeuten,

Erziehern, Angestellten der Jugendämter», wie Leinemann anschließend schrieb. «Wenn ich ihre Geschichte erzähle, dann weil ich am eigenen Leib erfahren musste, dass im weiten, von der Öffentlichkeit blickdicht abgeschotteten Feld der Heimerziehung und Intensivpädagogik etwas furchtbar schiefläuft.»

Man kann nur froh sein, dass sich der Vergeltungswunsch derer, denen der Staat keine Satisfaktion mehr gewährt, nicht öfter außerhalb der vorgeschriebenen Verfahrenswege Bahn bricht. Der Rechtsfriede hält auch deshalb, weil der Staat auf die Aggressionshemmung der Geschädigten vertrauen kann, die sich schon beim ersten Mal nicht wehren konnten. Es ist die Gesetzestreue, die den braven Bürger von seinem Peiniger unterscheidet. Wie die Dinge liegen, setzt sie ihn im modernen Strafverfahren ein zweites Mal in Nachteil.

QUALIFIKATION?
SIE IST DOCH DEUTSCH-TÜRKIN!

Integration ist eine noble Sache. Und eine wichtige dazu, wie wir spätestens seit der Sarrazin-Debatte wissen, die bis heute die Gemüter bewegt. So gesehen kann man der neuen Landesregierung in Baden-Württemberg nur gratulieren, dass sie dem Thema den nötigen Stellenwert eingeräumt hat. Als im Stuttgarter Landtag der erste grüne Ministerpräsident gewählt wurde, nahm nicht nur der ökologisch-soziale Aufbruch seinen Lauf, von dem allenthalben so viel die Rede war – auch im Verhältnis zwischen Einheimischen und Zugezogenen begann ein neues Kapitel. Zu den ersten Amtshandlungen der Regierung Kretschmann gehörte die Einrichtung eines eigens zu gründenden Ministeriums für Integration mit der Berliner Migrantin Bilkay Öney an der Spitze, ein Novum in der verwaltungstechnisch nicht eben unterentwickelten Bundesrepublik.

Natürlich kann man sich fragen, ob nicht auch eine gut ausgestattete Abteilung im Sozial- oder Kultusministerium ausgereicht hätte, den wohldokumentierten Missständen in der Ausländerpolitik beizukommen. Nach wie vor ist ja nicht ganz klar, wie die rot-grüne Musterkoalition die vielen Wohltaten bezahlen will, die sie den Bürgern in Aussicht gestellt hat. Die Einnahmen aus der Erhöhung der Grunderwerbsteuer stehen bislang nur auf dem Papier, während die Ausgaben für weitere Kita-Plätze und den Ersatz der Studiengebühren ganz unmittelbar zu

Buche schlagen. Aber das sind vermutlich kleinliche Mäkeleien angesichts des besonderen Aufbruchssignals an alle Menschen mit ausländischen Wurzeln, wie man es sich von dem Integrationsministerium erhofft.

Bedeutsamer ist in diesem Zusammenhang, was Frau Öney an die Sitze der neuen Verwaltung geführt hat. Einer größeren Öffentlichkeit ist die Betriebswirtin bislang erst einmal aufgefallen, und zwar als sie vor drei Jahren ihr Amt als integrationspolitische Sprecherin der Grünen im Berliner Abgeordnetenhaus niederlegte, um zur SPD zu wechseln, die sie nun für den Posten in Stuttgart benannte. Ansonsten weiß man von ihr nicht viel mehr, als dass sie türkische Filme, deutsches Kabarett und britische Teekultur schätzt. Das ist alles sehr sympathisch, reicht aber normalerweise nicht, um in eine Landesregierung berufen zu werden.

Wer sich mit Öneys Lebenslauf beschäftigt, kommt um die Vermutung nicht herum, dass es vor allem ihre Geburt in der Türkei ist, die sie für den Job in Stuttgart qualifiziert. Damit aber stellt sich die Frage, wer hier eigentlich neben dem eigenen Parteipersonal integriert werden soll. Unbedarftere könnten auf die Idee kommen, dass die neue Regierung die Probleme bei der Integration der Ausländer als so gravierend und zukunftsgefährdend einschätzt, dass man sie jetzt in den Kabinettsrang von Bildung oder Wirtschaftsförderung erhebt. Aber so will man die Sache bei Rot-Grün selbstredend nicht verstanden wissen. Wer im Koalitionsvertrag nachsieht, was denn die Aufgaben des neuen Ministeriums sein sollen, findet nicht viel mehr als die Erklärung, Grüne und SPD wollten das Land weltoffener gestalten. «Integration braucht Vorbilder, die belegen, dass sich Anstrengung lohnt», heißt es dort. Das ist ein schöner Satz, nur lässt gerade die Wahl der Ministerin Zweifel aufkommen, wie ernst er gemeint ist.

Zu den Tücken der Identitätspolitik gehört die Legitimation durch Betroffenheit. Sobald es um die Förderung einer gesellschaftlichen Minderheit geht, die der besonderen Zuwendung des Staates bedürftig erscheint, gilt die entsprechende Gruppenzugehörigkeit als Voraussetzung für eine öffentliche Karriere. Nur sie garantiert das als notwendig erachtete Einfühlungsvermögen, ohne das man in diesem Fall nicht auszukommen glaubt. So ergibt es sich, dass an der Spitze einer Gleichstellungsstelle regelmäßig eine Frau steht, nur ein Behinderter andere Behinderte vertreten kann und das Schwulenreferat selbstver-

Danke, Antidiskriminierungsgesetz!

ständlich von einem bekennenden Homosexuellen geleitet werden muss. Für die Angehörigen von Minderheiten ist dieses Auswahlprinzip durchaus von Vorteil, schränkt es doch die Zahl der Mitbewerber deutlich ein. Nur limitiert es eben weitere Aufstiegschancen – diese Pointe scheint den Befürwortern der Identitätspolitik zu entgehen.

Auch positive Diskriminierung bleibt Diskriminierung. Niemand käme auf die Idee, von einem Gesundheitspolitiker den Nachweis einer schweren Erkrankung zu erwarten oder von dem Vorsitzenden eines Rechts- und Innenausschusses die Abstammung aus einer Polizistenfamilie. Welche Ressorts so wichtig sind, dass man bei der Besetzung lieber von der Herkunft als Qualifikationsnachweis absieht, wissen die neuen Herren in Stuttgart nur zu genau. Wenn man schon diese Kategorie bemühen will, wäre es jedenfalls deutlich fortschrittlicher, einer Deutsch-Türkin die Verantwortung für die Sozialpolitik anzuvertrauen, wie es der Christdemokrat Christian Wulff in seiner Zeit als niedersächsischer Ministerpräsident vorgemacht hat – oder einen Schwulen zum Außenminister zu bestellen, um ein anderes, fernerliegendes Beispiel zu nennen. Aber das würde voraussetzen, dass man Integration wirklich ernst nimmt.

VORSICHT, RECHTSPOPULIST

Keine politische Vokabel hat eine solch unmittelbare Bannwirkung wie das Wort «rechts». Wer als rechts gilt, verdient kein Gegenargument, sondern nur noch Verachtung beziehungsweise die Aufsicht durch den Verfassungsschutz. Rechte sind die Paria des deutschen Parteienstaats. Sie stehen immer mit einem Bein in einer Vergangenheit, die nicht vergehen will, wie schon ihr Widerstand gegen Frauenquoten oder ähnliche Formen der Gleichberechtigung zeigt.

Aus gutem Grund bezeichnet sich kein Politiker, der noch bei Trost ist, als rechts. Sich zur Linken zu bekennen, ist kein Problem, auf diese politische Ortsbeschreibung darf man ohne Einschränkung stolz sein. Die andere Seite hingegen muss ständig zu Ausweichbegriffen Zuflucht nehmen, sie nennt sich dann «konservativ» oder «bürgerlich». Das trifft die Sache zwar nur unvollständig, weil ja auch die Wähler der Grünen oder der SPD in beachtlicher Anzahl dem bürgerlichen Milieu entstammen, aber es erspart einem lange Diskussionen.

Die Linke geht mit dem Verdammungsbegriff sehr großzügig um. Die Wochenzeitschrift «Freitag» veröffentlichte vor einiger Zeit eine Umfrage, anhand deren sie eine bedenkliche Rechtsneigung bei den Deutschen offenlegen zu können glaubte. Gemeinhin dachte man, dass rechts ist, wer noch etwas Gutes am Nationalsozialismus meint entdecken zu müssen, einem übertriebenen Patriotismus frönt oder sich die Haare auf Streichholzkopflänge schert. Auch Ausländerhass wird normalerweise mit der Rechten verbunden: Wenn eine vietnamesische Imbissbude brennt, sind es ja selten Autonome, die diese in Brand gesetzt haben.

Neu ist, dass einen auch die Europaskepis der Rechtslastigkeit verdächtig macht, wie man dem «Freitag» entnehmen konnte. Das Meinungsforschungsinstitut Forsa, auf dessen Erhebung sich die Wochenzeitung bei ihrem Befund stützte, hatte die Deutschen unter anderem gefragt, ob sie auch der Meinung seien, dass Deutschland insgesamt zu viel Geld für die EU ausgebe. 44 Prozent der Befragten stimmten dieser Aussage voll und ganz zu, weitere 26 Prozent teilweise. Nur eine Minderheit von 26 Prozent hat offenbar kein Problem damit, dass die Bundesrepublik inzwischen für die Haushaltsmisere in einer wachsenden Zahl von Nachbarstaaten geradestehen muss.

Man kann in diesen Umfrageergebnissen «ein verheerendes Signal für unsere politische Kultur» sehen, wie es der Herausgeber des «Freitag», Jakob Augstein, tat – oder sie im Gegenteil für eine nachvollziehbare Reaktion auf die Nachrichtenlage halten. Auch in der Bundesregierung gibt es ja an verantwortlicher Stelle eine ganze Reihe von Leuten, die ihre Zweifel haben, ob unsere Steuergelder in Griechenland, Irland oder Portugal gut angelegt sind. Dass die Deutschen andere Länder herauspauken sollen, die über Jahre alle Regeln gesunder Haushaltsführung missachtet haben, war so jedenfalls nicht vorgesehen – tatsächlich galt dies sogar ausdrücklich als ausgeschlossen, als die Bundesbürger die D-Mark gegen den Euro eintauschten. Die eigentliche Sensation ist so gesehen, dass die Menschen nicht massenhaft auf die Straße gingen, als ein Rettungsschirm nach dem anderen über unsere Brüdern und Schwestern im Süden aufgespannt wurde.

Überhaupt scheinen sich die meisten Bürger einen kühlen Kopf bewahrt zu haben, was in jedem Fall mehr für ihren Realitätssinn spricht als für die Annahme, dass sie besonders empfänglich für rechtes Gedankengut seien. Bei der Frage, ob das Land den Euro wieder verlassen sollte, raten fast zwei Drittel zur Vorsicht, und nur eine Minderheit hält den Islam mit dem westlichen Lebensstil für unvereinbar. Dass knapp 60 Prozent der Deutschen trotz Kopftuch-Debatte und Sarrazin-Furor ganz gelassen bleibt, wenn es um die muslimischen Mitbürger geht, könnte man auch als ermutigendes Zeichen werten. In jedem Fall sind es keine Ergebnisse, die einen den unmittelbar bevorstehenden Rückfall in dunklere Zeiten befürchten lassen.

Jede Gesellschaft braucht im Diskurs Tabuzonen. Schon in der «Topik» des Aristoteles, dem ersten überlieferten Lehrbuch der Argumentation, finden sich Beispiele für Behauptungen, die keine Erwiderung verdienen, sondern eine Zurechtweisung. Wer bestreitet, dass die «Götter zu ehren und die Eltern zu lieben sind», hat sich bei Aristoteles von vornherein disqualifiziert. Zu den Meinungen, mit denen man sich in Deutschland unmöglich macht, gehört die Verharmlosung des Nazi-Reichs. Wer die Verbrechen der ersten deutschen Diktatur zu relativieren sucht, hat in dem Kreis derer, auf deren Meinung man etwas gibt, mit Recht nichts zu suchen.

Tabus verlieren allerdings ihre Bindungskraft, wenn man ihren Gültigkeitsbereich laufend erweitert. Der Grund für diese Ausweitung ist häufig nicht so sehr die Sorge um den Fortbestand der Demokratie als vielmehr

Argumentationsfaulheit. Es ist allemal einfacher, eine Meinung, die einem nicht in den Kram passt, als rechts abzutun, als sie wohlbegründet zu widerlegen. Sicher wäre es wünschenswert, noch mehr Menschen würden sich für den Zuzug von außen begeistern oder den Islam für eine kulturelle Bereicherung halten. Die Erfahrung lehrt nur, dass es wenig hilft, den Leuten ihre Meinung verbieten zu wollen. Man kann versuchen, ihnen diese auszureden oder sie gar von dem Gegenteil zu überzeugen. Das würde allerdings voraussetzen, dass man sich zu ihnen an den Stammtisch stellt. Aber das verbietet sich natürlich von selbst: Stammtische sind ja auch ganz furchtbar rechts.

DIE MACHT, DER SEX UND DIE LINKE

Zu den großen Erfolgen der Frauenbewegung gehört die unverzügliche Ächtung sexueller Vergehen. Wer sich dem Verdacht aussetzt, hier die etablierten Regeln übertreten zu haben, darf auf Verständnis nicht hoffen; das Urteil liegt in der Regel vor, ohne dass ein Gericht zusammentreten muss. Sexuelle Gewalt kennt keine Entschuldigung, wobei sich das Verständnis, was als Gewalt anzusehen ist, ständig weiterentwickelt hat. In fortschrittlichen Ländern reicht inzwischen schon der nachträgliche Entzug einer einmal erteilten Einwilligung zum Geschlechtsverkehr, um den Tatbestand der sexuellen Nötigung zu begründen, wie der Wikileaks-Gründer Julian Assange bei einem Besuch in Schweden erfahren musste.

Die Ausgangslage im Fall Dominique Strauss-Kahn hätte so gesehen klarer nicht sein können: Der Vorwurf lautete auf Vergewaltigung, also ein kriminelles Delikt, das überall auf der Welt empfindliche Strafen nach sich zieht. Dazu kam das soziale Gefälle, dem im feministischen Diskurs naturgemäß besondere Beachtung geschenkt wird: Er alt, weiß und reich – sie jung, schwarz und arm. Diese Kriterien hätten eigentlich genügen sollen, um die Sympathien klar zu verteilen. Doch eigenartig, diesmal riet die räsonierende Klasse zu Besonnenheit und Zurückhaltung im Urteil. Viel war von der Unschuldsvermutung die Rede, die nicht gewahrt worden sei. Besonderen Unmut erregten dabei die Umstände, unter denen der ehemalige IWF-Chef dem New Yorker Haftrichter vorgeführt wurde: Dass er bei diesem Termin neben gewöhnlichen Kriminellen und Kleindealern zu sitzen kam, galt den Kritikern des Verfahrens als schändliche Demütigung. «Man wirft einen Mann nicht so den Hunden vor», erklärte der als reisendes Weltgewissen bestens ausgewiesene Bernard-Henri Lévy voller Mitgefühl in der «Zeit».

Man sollte meinen, dass gerade in linken Kreisen das entschiedene Vorgehen der amerikanischen Justiz Anerkennung hätte finden sollen. Die Annahme, dass vor den Schranken des Gerichts alle gleich sind, galt schließlich immer als eine der entscheidenden Errungenschaften der Aufklärung, aber offenbar fällt der Abschied von der Klassenjustiz doch schwerer als gedacht, wenn es einen aus den eigenen Reihen trifft. In Frankreich konnten viele Verteidiger des Beschuldigten in diesem Fall nur einen abscheulichen Auswuchs «puritanischen Irrsinns» sehen beziehungsweise ein «Komplott», um den braven Mann zu erledigen. So weit wollte man in Deutschland nicht gehen, aber auch hier überwogen die Klagen über die «Häme und den Spott», wie es ausgerechnet in der «taz» hieß, die sonst noch die kleinste Überschreitung linker Moralnormen unnachsichtig ahndet.

Offenbar spielte bei der Bewertung der Vorgänge die politische Herkunft des Verdächtigen keine ganz unbedeutende Rolle. Dass Strauss-Kahn ein treuer Parteigänger der Linken ist, der bis zu dem Vorfall noch als Kandidat für das französische Präsidentenamt galt, ließ die Vorwürfe gegen ihn irgendwie in einem anderen Licht erscheinen. Man stelle sich nur einmal vor, der Gast im New Yorker «Sofitel» wäre kein führender Sozialist, sondern ein Mann der rechten Seite gewesen. Es sind zumindest

Zweifel erlaubt, ob die Leitkommentare in vielen Zeitungen dann auch so abwägend ausgefallen wären.

In der richtigen Gesinnung einen mildernden Umstand zu sehen, hat auf der Linken durchaus Tradition – das gilt sogar für Sexualdelikte, allen feministischen Proklamationen zum Trotz. Dass Andreas Baader Frauen grundsätzlich nur als «Fotzen» bezeichnete, hat seinem Status als Revolutionsheld nie Abbruch getan; über diese Verbalattacken, die spätestens im RAF-Knast ins offen Sadistische umschlugen, haben selbst überzeugte Frauenrechtlerinnen großzügig hinweggeschaut. Oder erinnern wir uns

an Bill Clinton: Als der amerikanische Präsident erst eine Praktikantin verführte und sie dann, nachdem die Sache ruchbar wurde, von seinen Presseleuten als Flittchen denunzieren ließ, lag die Sympathie der aufgeklärten Öffentlichkeit nicht bei dem Mädchen, sondern dem Verführer.

Selbst Sex mit Minderjährigen erfährt im fortschrittsgesinnten Milieu nicht Entsetzen, sondern Solidarität, wenn der Täter als Kulturschaffender ausgewiesen ist und damit als Angehöriger einer Schicht, für die schon immer andere Normen galten. Bis heute besteht gegen den Regisseur Roman Polanski ein internationaler Haftbefehl, weil er 1977 in seinem Haus in Los Angeles eine 13-Jährige missbrauchte und sich dann kurz vor der Urteilsverkündung nach Frankreich absetzte. Doch statt seine Auslieferung zu verlangen, um das Verfahren endlich zum Abschluss zu bringen, forderte die Weltkulturgemeinde die sofortige Freilassung, als ihn die Schweizer Behörden vorübergehend in Haft nahmen. Dass sich die Richter in New York schwertaten, Strauss-Kahn gleich wieder auf freien Fuß zu setzen, hat auch damit zu tun.

Die Gerichtshöfe der Moral kennen keine Strafprozessordnung, hat der Philosoph Hermann Lübbe einmal angemerkt. Man kommt deshalb an ihnen zügig zu einem Urteil, was manche durchaus als Vorteil empfinden mögen. Nur ist die Moral eben auch eine sehr unzuverlässige Instanz, wie sich zeigt. Manchmal hat der reguläre Gang der Justiz durchaus seine Vorteile, er ist jedenfalls deutlich unbestechlicher.

WO DER PALÄSTINENSER-SCHAL
FRÖHLICH FLATTERT

Eine erfreuliche Entwicklung in der Bundesrepublik ist das weitgehende Verschwinden des Antisemitismus. Soweit man den Umfragen trauen kann, haben die meisten Bürger außerhalb eines bestimmten Milieus über Juden keine besondere Meinung, das heißt, sie denken über sie nicht viel besser oder schlechter als über andere Leute auch. Rechtsradikale fristen bis heute politisch ein Außenseiterdasein. Im Deutschen Bundestag sitzt keine Partei, deren Abgeordnete antisemitische Positionen vertreten oder mit Judenhassern sympathisieren.

Aber halt, genau das stimmt ja leider nicht ganz. Diese Partei gibt es doch, sie firmiert nur unter einem anderen Namen. Sie heißt in diesem Fall nicht NPD, sondern Die Linke. Die Linkspartei ist die einzige Partei, deren Abgeordnete man bei Veranstaltungen sieht, wo «Tod Israel!» skandiert wird. Nur Vertreter der Linkspartei bleiben demonstrativ sitzen, wenn der israelische Staatspräsident am Tag der Befreiung von Auschwitz den Bundestag besucht, und man darf sicher sein, es ist kein Altersgebrechen, das sie auf ihrem Stuhl hält. Das Parlament sah sich unlängst sogar genötigt, eine aktuelle Stunde anzuberaumen, um über «mögliche antisemitische und antiisraelische Positionen» bei den bekennenden Freunden des Sozialismus zu reden. Wer dachte, das ungeklärte Verhältnis zur DDR sei das größte Problem der SED-Nachfolgeorganisation, sieht sich getäuscht: Auch im Verhältnis zur ersten deutschen Diktatur scheint bei ihr noch einiges im Unklaren zu liegen.

Nun gibt es in jeder Partei Wirrköpfe, bei der Linkspartei ist deren Anzahl eben besonders hoch, könnte man entschuldigend einwenden. Natürlich gibt es lange Erklärungen des Parteivorstands zum Existenzrecht Israels und der Verpflichtung, die der Bundesrepublik aus der Nazi-Zeit erwächst. Das Problem ist nur: Es hat im Zweifelsfall keine Folgen. Beziehungsweise es interessiert offenkundig auch den Vorstand nicht besonders, wenn sich die eigenen Leute kaum um solche Proklamationen scheren. Anders ist es ja nicht zu erklären, dass elf Abgeordnete der Linkspartei den Saal verlassen dürfen, wenn der Bundestag eine fraktionsübergreifende Resolution gegen den Antisemitismus beschließt. Oder dass zwei Mitglieder der Fraktion auf einem Hamas-Dampfer gen Gaza mitschippern, der zuvor mit allen denkbaren Verwünschungen gegen den Judenstaat am Kai verabschiedet wurde. Oder Linke-Mitglieder in Bremen einen Aufruf zum Boykott israelischer Waren unterstützen, ohne dass dies nennenswerte Konsequenzen hätte.

Man muss sagen, es ist schon seit längerem eine Eigenart der radikalen Linken, die Juden als Problem zu sehen. In dieser Ecke des politischen Spektrums hält sich bis heute der Glaube, dass die Welt ein friedlicherer Platz wäre, wenn sie sich endlich ein bisschen am Riemen reißen würden. Statt von Juden spricht man als Konzession an den Zeitgeist lieber von Israelis, aber jeder weiß, was gemeint ist.

Auch der linke Antisemitismus kann auf eine beachtliche Traditionslinie zurückblicken. Es ist heute etwas in Vergessenheit geraten, aber bevor sich die Freischärler des revolutionären Kampfs in Deutschland daranmachten, Unternehmer, Politiker und Justizbedienstete umzulegen, nahmen sie sich erst einmal die Überlebenden des Holocaust vor. Die Geburtsstunde des deutschen Guerillakampfs datiert nicht von ungefähr auf den 9. November 1969, also den Jahrestag der Pogromnacht, die eine neue Stufe des Terrors gegen die Juden im Nazi-Reich einleitete. Das erste Anschlagsziel war das jüdische Gemeindehaus in Berlin, in dem ein Vortrupp der RAF eine – glücklicherweise fehlerhafte – Bombe legte, um den «Judenkomplex» zu brechen, wie es dazu in einem Bekennerschreiben hieß. Später standen ein jüdischer Kindergarten auf der Liste, das Büro der israelischen Fluggesellschaft El-Al im Berliner Europacenter, der Vorsitzende der jüdischen Gemeinde in Berlin, Heinz Galiniski. Dass in den meisten Fällen die Sache glimpflich ausging, lag nicht etwa an plötzlich einsetzenden Gewissensbissen, sondern an der mangelnden Vorbereitung der revolutionären Kader. Seit die RAF die Waffen gestreckt hat, tobt sich die Aggression nur noch verbal aus, was schon einmal ein Fortschritt ist. An den Positionen, in denen sich die Kapitalismuskritik mit Warnungen vor einer finanzmächtigen Israellobby verbindet, hat sich allerdings nichts geändert.

Es gehört zum Spiel, dass die linken Antisemiten selbstverständlich jeden Verdacht des Antisemitismus weit von sich weisen. Wer gegen rechts ist, könne kein Judenfeind sein, so die Selbstentschuldung. Oder wie es der Schriftsteller Gerhard Zwerenz vor Jahren in einem «Zeit»-Artikel festhielt: «Linker Antisemitismus ist unmöglich.» Natürlich reagieren auch die Vertreter der Linkspartei ganz empört auf den Vorwurf, sie hätten etwas gegen Juden. «Unerhört» war der am häufigsten verzeichnete Zwischenruf in der Aktuellen Stunde des Bundestags zum Thema.

Aber vielleicht ist alles in Wirklichkeit auch nur ein großes Missverständnis. Es ist ja durchaus denkbar, dass sich die linke Bundestagsabgeordnete Inge Höger weiter nichts Böses dabei gedacht hat, als sie zusammen mit einer Reihe von Hamas-Sympathisanten auftrat, um auf der «9. Konferenz der Palästinenser in Europa» ein Grußwort zu sprechen. Dass sie dabei einen Palästinenser-Schal trug, auf dem Israel von der Landkarte verschwunden war? Alles nicht so gemeint, wie sie anschließend erklärte: Sie habe einfach nicht «unhöflich» sein wollen, als ihr jemand den Schal umlegte. Außerdem habe Israel ja bis heute «keine Staatsgrenzen definiert» – logisch, dass es dann auch auf einer Karte des Nahen Ostens nichts verloren hat.

Es ist schon eine Crux mit den Juden, sie sind gleich immer so empfindlich. Also, liebe Linkspartei-Mitglieder, ein Rat von dieser Seite: Wie wäre es, ihr hieltet einfach mal für eine gewisse Zeit zu dem Thema die Klappe? Damit würdet ihr dem Land, aber vor allem euch selber einen echten Dienst erweisen.

GRÜN GLAUBEN, SCHWARZ SEHEN

Wer nach einer Antwort für die jüngsten Erfolge der Grünen sucht, musste sich nur den Kirchentag 2011 in Dresden ansehen. Von allen ihren Vorfeldorganisationen ist die evangelische Kirche heute die einflussreichste. Alles, was auch die Anhänger der ökologischen Erweckungsbewegung umtreibt, kommt hier zu Sprache und findet Gehör. Natürlich wurde in Dresden für den Frieden gebetet, gegen den Klimawandel und den «Zwang zum Wirtschaftswachstum». Allerdings beließ man es nicht beim Beten. Die moderne Kirche will sich ja einmischen, ihren Auftrag versteht sie dezidiert politisch, also blüht auch bei ihr das Resolutionswesen.

Mit dem Antrag «Anders wachsen» forderte der Kirchentag die zehn größten Unternehmen des Landes auf, «Verzicht zu üben» beziehungsweise «Alternativen zum Wirtschaftswachstum zu entwickeln» (Resolution «T3/001»). An den Bundestag erging der Appell, die in der Bundesrepublik lebenden Roma von jeder Abschiebung auszunehmen. «Ihre Kinder sind in Deutschland geboren und aufgewachsen, gehen hier zur Schule, machen Abitur oder eine Ausbildung», heißt es in dem Antragstext (Resolution «M3/001»), was nur den Schluss zulässt, dass offenbar in deutschen Schulen öfter schulfrei ist, als man dachte. Die eigene Kirchenleitung wurde ermahnt, sich endlich des Schicksals «der als Hexen hingerichteten Bürger und Bürgerinnen» anzunehmen und die

Opfer durch «Aufklärung und öffentliches Gedenken» zu rehabilitieren. Und an die Bundeskanzlerin richtete sich der dringende Aufruf, alles in ihrer Macht Stehende zu tun, um dem «Recht auf ein Leben ohne Bedrohung durch atomare Strahlen» zum Durchbruch zu verhelfen.

Überhaupt die Energiewende. Kein Thema war auf dem Kirchentag so präsent, nicht nur bei der «Kirche mit Kindern gegen die Atomkraft», die sich praktischerweise gleich direkt an die Kanzlerin wandte. Was die grünen Protestler zu Tausenden auf die Straße treibt, muss auch den grünen Protestanten bewegen. So forderte der Kirchentag den Ausstieg aus der Atomkraft innerhalb der nächsten fünf Jahre, was sich noch nicht einmal die Öko-partei traut – und, weil man so schön in Schwung war, auch gleich ein Verbot aller neuen Kohlekraftwerke.

Nun lässt sich einwenden, dass es auf Dauer schwierig sein dürfte, ein Industrieland ganz ohne verlässliche Energiequellen am Laufen zu halten; aber in einer Welt, wo man vor allem dem Gefühl vertraut, sind solche Überlegungen nachrangig. Mit dem Herzen zu denken und dem Kopf zu fühlen, wie es schon bei Konstantin Wecker hieß, gilt auf dieser Art von Veranstaltung als besondere Tugend. Mit der Aufklärung hat sich der Sentimentalismus nie wirklich anfreunden können; Rationalität muss seit langem mit dem Vorwurf leben, zynisch, kalt, ja irgendwie männlich zu sein. Der Stolz auf das unbedarfte Denken ist geradezu Signum der Gefühlstheologie. «Präreflektierte Unmittelbarkeit» sei doch «eigentlich ganz schön», verkündete Margot Käßmann zum Auftakt der grünen Tage in Dresden, womit sie zweifellos vielen Zuhörern aus dem – ja: – Herzen sprach.

Käßmann ist dabei nur die bekannteste Vertreterin einer Generation von Theologen, die den Auftrag schon immer weniger in der spirituellen Anleitung der Gläubigen, sondern vielmehr im weltlichen «Engagement» sahen, um einen Kernbegriff ihres Amtsverständnisses zu nutzen. Diese Generation, aufgewachsen und politisiert in den siebziger Jahren, fand im Protest gegen die Nachrüstung und den deutschen Atomstaat zusammen; ihre Erweckungsorte sind Mutlangen, Brokdorf und der Bonner Hofgarten. Die Folgen der Selbstsäkularisierung sind heute in vielen Gottesdiensten ablesbar. Kaum ein Pastor traut sich noch, ungeniert von Himmel und Hölle zu sprechen, und wenn, dann ist das nur allegorisch gemeint, wie er sich hinzuzufügen beeilt. Stattdessen findet sich in jeder guten Sonntagspredigt die Litanei über den Kriegstreiber Amerika, die Schrecken der Globalisierung, das Elend der Hartz-IV-Empfänger.

Diese Diesseitsfixierung hat einen für die Kirche unschönen Nebeneffekt: Mit der Verschiebung des Erlösungshorizonts, der sich nunmehr ganz aufs Heute richtet, setzt sie sich der Konkurrenz zu weltlichen Glaubensorganisationen aus, die dem Bedürfnis nach entschiedenem Handeln sehr viel besser nachkommen können. Warum nicht gleich Mitglied bei Greenpeace, Peta oder Amnesty werden? Eine Antwort war lange die spirituelle Autorität der Kirche und ihre Auskunftsfähigkeit über das Jenseits. Dieses Privileg aufgegeben zu haben, hat sich für sie als ziemlich kostspielig erwiesen, wie ein Blick auf die Zahl der Gläubigen zeigt. Die evangelische Kirche scheint dennoch fest entschlossen, die Verharmlosung der Religion, und nichts anderes bedeutet ja ihre Politisierung, weiterzutreiben. Echtes Engagement scheut keine Kosten.

«ABER ICH HABE ANGST»

Wie werden wir den Ehec-Ausbruch, der Deutschland wochenlang den Atem raubte, in Erinnerung behalten? Als Ebola des Rohkostzeitalters? Den schwarzen Fluch vom Biohof? Die große Sprossen-Pest? Es ist schon vertrackt, gerade waren die Deutschen noch zu Tausenden auf die Straße gegangen, um sich und das Land vor dem Atomtod zu bewahren, und dann kam das Verderben aus dem Frischeregal. Die Bilanz: drei tote Arbeiter in Fukushima, 35 Opfer nach dem Outbreak in der norddeutschen Tiefebene. Was die Tödlichkeit angeht, steht es nicht gut für die Ökoindustrie, aber so darf man natürlich nicht rechnen. Die Toten der Atomwirtschaft zählen immer dutzendfach, damit liegt sie noch vorn.

Angst ist ein eher unzuverlässiger Ratgeber, wie sich wieder einmal zeigt. Das subjektive Empfinden, etwas sei so gefährlich, dass man es besser meide, ist trügerisch. Nur weil man sich vor etwas besonders fürchtet, heißt das nicht, dass es auch besonders zu fürchten wäre. Aber Statistik und Wahrscheinlichkeit verlieren schnell ihre Bedeutung, wenn es um Ängste geht; sie werden sogar mit Bedacht außer Acht gelassen. Anders ist ja nicht zu erklären, dass die meisten Menschen sich bei einer Autofahrt sicherer fühlen als bei einer Flugreise, obwohl das Gegenteil angezeigt wäre. Tritt sie kollektiv auf, kann die Angst auch erschreckend teuer sein: Eine Milliarde Euro dürfte die E-Panik die europäische Agrarwirtschaft gekostet haben, wie das «Handelsblatt» seinerzeit ausgerechnet hat. Wenn die Verbraucher selbst Gurkengläser und eingelegte Tomaten zu entsorgen beginnen, hilft kein Zureden mehr, da ist jedes Argument verloren.

Trotzdem steht die Angst in der politischen Debatte hoch im Kurs, tatsächlich ist sie als Gefühlswort allerersten Ranges geeignet, sofort jede Diskussion zu bestimmen. Nichts wirkt so unschlagbar authentisch wie das Bekenntnis, sich zu fürchten – und authentisch zu sein, gilt seit den achtziger Jahren als Ausweis größter Wichtigkeit. Gegen echte Betroffenheit kommt keine Risikoabwägung an; wer lieber Zahlen als Gefühlen vertraut, hat schon verloren, wie jeder Profi weiß.

Es hat ein wenig gedauert, bis die Gefühlskultur das Regierungshandwerk erreichte, aber mittlerweile ist auch

Neu im Kino: Jahrhundertfilm oder Schnellschuss?

das geschafft. Wer heute noch glaubt, von Politikern erwarten zu dürfen, dass sie in schwierigen Zeiten einen
kühlen Kopf bewahren, hat nichts von moderner Stimmungspolitik begriffen. Natürlich sei die Energiewende
der Bundesregierung erklärungsbedürftig, gestand der
ehemalige Hamburger Bürgermeister Ole von Beust ein:
«Aber was wollen sie machen, wenn 70 Prozent der Bevölkerung für den Ausstieg sind? Politiker sind keine Helden, sie wollen wiedergewählt werden.» Früher galt das
Regieren nach Gefühlslage als Opportunismus, heute
sieht man darin ein Zeichen besonderer Einfühlsamkeit
und Bürgernähe.

Ein Problem mit dem Weltschrecken ist, dass er so gehäuft auftritt. Was haben wir in den vergangenen 30 Jahren nicht schon alles überlebt: den sauren Regen und das
Waldsterben, die Überbevölkerung, das Ozonloch und die
Aids-Katastrophe, die nach den ersten Hochrechnungen
bis heute etwa die Hälfte der Weltbevölkerung dahingerafft haben müsste. Zwischendurch mussten wir noch mit
den Nematoden im Fisch fertigwerden, den «tödlichen
Eiern», die es 1993 sogar auf einen SPIEGEL-Titel brachten, der Vogel- und der Schweinegrippe und natürlich
BSE, dem Killer im Fleischklops. Man mag es dem einen
oder anderen also nachsehen, wenn er nicht gleich ansprang, als es hieß, dass demnächst die Polkappen schmelzen würden. Auch gegen Unheilsverkündigungen kann
man abstumpfen.

Apropos Polkappen. Lange nichts mehr davon gehört.
Irgendwie scheint der Klimawandel an Bedrohlichkeit verloren zu haben. Aber so geht es, wenn zwei Ängste miteinander konkurrieren: Nun fürchten wir uns eben ganz
doll vor dem Atom, weshalb wir viele neue Kohle- und
Gaskraftwerke brauchen, da müssen die Klimaziele leider

zurücktreten. Nicht auszudenken, wie die Öffentlichkeit reagiert hätte, wenn Fukushima und Bienenbüttel auf die gleiche Woche gefallen wären. Vermutlich würden wir heute noch auf die Energiewende warten, weil die Bürger zu sehr damit beschäftigt gewesen wären, die heimischen Nahrungsbestände auf Dosenkost und Tiefkühlpizza umzustellen.

WIR EURO-NAZIS

Jetzt sind wir also die Euro-Nazis. Es war wohl nur eine Frage der Zeit, bis es so weit kommen würde – dieser Fummel hängt immer griffbereit im internationalen Kostümfundus. Man muss sagen, es konnte einem vor einem selber angst und bange werden, wenn man zuletzt nach Griechenland blickte: Ganz oben auf der Liste des Weltbösen, gegen das sich die Menschen dort zu Großdemonstrationen versammelten, standen wir Deutsche. Wenn man den Nachrichten glauben durfte, die einen aus dem Krisenland erreichten, waren wir die Wegbereiter eines neuen «Finanzfaschismus», der den Schuldenstaat in eine «Kolonie des Vierten Reiches» verwandeln wollte beziehungsweise Athen in ein «finanzielles Dachau», wie große Tageszeitungen schon zum Ausbruch der Krise mit Gespür für historische Dimensionen auf den Punkt brachten.

Was war passiert? War bei den Bundesbürgern die lang unterdrückte Eroberungswut durchgeschlagen? Hatten die Deutschen sich im Gegenzug für ihre Hilfsbereitschaft ein paar griechische Inseln unter den Nagel gerissen? Nein, die Europäer, mit der Bundesregierung vorneweg, hatten noch einmal 120 Milliarden Euro lockergemacht – zusätzlich zu den 110 Milliarden, die sie schon auf den Weg gebracht hatten, um das Südland vor der Pleite zu bewahren. Allerdings drängten insbesondere die Deutschen darauf, dass die Empfänger der Hilfsgelder das Ihre tun, damit wenigstens die Hoffnung bleibt, dass nicht alles verloren ist. Das reichte, um die Erinnerung an düstere Zeiten wachzurufen.

Auch Nationen können sich als Opfer imaginieren, wie sich zeigt, selbst wenn schon der Augenschein dagegen spricht. Der Opferstatus ist in mehrfacher Hinsicht von Gewinn, das macht ihn so verführerisch. Er sichert Aufmerksamkeit und Anteilnahme und verspricht Entlastung, indem er die Verlagerung von Schuldanteilen ermöglicht und die eigene Verantwortung minimiert. Nichts ist an einer schlimmen Erfahrung ja deprimierender als die Erkenntnis, dass man sich sein Unglück selber zuzuschreiben hat. Welche Erleichterung, wenn man andere verantwortlich machen kann, in diesem Fall den IWF, die Europäische Zentralbank und überhaupt die Finanzindustrie.

Der Nachteil dieser Art von Schuldverlagerung ist allerdings ebenso evident. Wer sich in die Opferrolle flüchtet, ist selten in der Lage, aus eigener Kraft aus seiner Misere herauszufinden. Wenn es übermächtige Kräfte sind, die einen niederhalten, dann nützt es auch wenig, sein Schicksal selber in die Hand zu nehmen. Jeder gute Therapeut rät seinen Klienten, eine traumatische Erfahrung möglichst schnell hinter sich zu lassen, genau darauf zielt seine Arbeit. Die Regression in die Opferrolle verhindert jedes emanzipatorische Erwachen, das ist das Verhängnisvolle an dieser Form der Krisenbewältigung.

Nüchtern betrachtet haben die Griechen erlebt, was jedem Schuldner passiert, der über seine Verhältnisse lebt: Irgendwann verliert der Gläubiger das Vertrauen in die Solvenz seiner Kunden und sperrt die Kreditlinien. Das Einzige, was in so einem Fall hilft, ist radikales Sparen – oder, wenn auch das nicht mehr hilft, die Insolvenz. Nationen können bei der Entschuldung zusätzlich auf Inflation setzen, die Abwertung ihrer Währung oder auf außergewöhnliches Wachstum. Die ersten beiden Auswege sind den Griechen verschlossen, jedenfalls solange sie im Euro bleiben. Für einen Wachstumsschub, wie er nötig wäre, um ihren Haushalt in Ordnung zu bringen, fehlt die wirtschaftliche Basis. Mit Olivenanbau und Fremdenverkehr lassen sich nun einmal keine großen Sprünge machen. Also hängt alles davon ab, wie schnell sich die Sorgenkinder im Süden mit der Wirklichkeit arrangieren und ihre Ansprüche der Leistungsfähigkeit anpassen.

Mitleid und tröstende Umarmungen helfen nicht viel bei Insolvenzverfahren, wie jeder Schuldenberater weiß. Wenn die Zahlungsunfähigkeit droht, ist ein klarer Blick auf die Bilanzen gefragt. Niemand weiß zu sagen, ob es besser ist, Griechenland mit immer neuen Krediten vorübergehend über Wasser zu halten – oder gleich die Staatspleite ins Auge zu fassen. Es macht die Sache in jedem Fall nicht leichter, dass auch hierzulande in diesem Zusammenhang gerne große Gefühle bemüht werden. Die Bundeskanzlerin lasse es an Herz für die europäische Idee fehlen, heißt es in den Kommentarspalten der selbsternannten Euro-Retter. Angela Merkels beiläufige Bemerkung, auch die Griechen müssten sich an den Gedanken gewöhnen, länger zu arbeiten, wurde ihr nicht als Ausdruck praktischer Lebensklugheit ausgelegt, sondern als Appell ans Ressentiment.

Abgesehen davon, dass die Kanzlerin auf das Grundgesetz verpflichtet ist, wo aus gutem Grund nichts von europäischen Herzensangelegenheiten steht, stellt sich die Frage, was es Schuldenstaaten wie Griechenland auf Dauer nutzen soll, wenn sie einfach weiter aus dem Norden alimentiert werden. Vielleicht sollte man sich in der Stunde der Krise ein Beispiel am Nachbarn Frankreich nehmen, der noch weiß, wie Realpolitik geht. Oder am

SPIEGEL-Gründer Rudolf Augstein, der mit Verweis auf Bismarck festhielt, dass sich gute Politik durch eine «souveräne Missachtung ideologischer oder moralischer Positionen» auszeichne. «Sie kalkuliert und nichts sonst», schrieb Augstein, Begriffe wie «öffentliche Meinung» oder «Weltgewissen» seien ihr aufs äußerste suspekt.

GERECHTIGKEIT FÜR SILVANA KOCH-MEHRIN

Um es gleich zu sagen: Nein, es ist nicht in Ordnung, sich bei seiner Doktorarbeit aus fremden Quellen zu bedienen, ohne diese vollständig anzugeben. Auch die Betreuung kleiner Kinder oder andere sozial wertvolle Nebentätigkeiten reichen hier nicht als Entschuldigung, wie erst der Freiherr zu Guttenberg und dann auch die FDP-Abgeordnete Silvana Koch-Mehrin lernen mussten. Wer beim Schummeln erwischt wird, ist seinen Titel schnell wieder los. Dafür sorgen schon die fleißigen Helfer bei «Vroni-Plag», die in stundenlanger Arbeit nach anstößigen «Stellen» suchen, statt den Hund auszuführen oder das Unkraut im Garten zu jäten. Tatsächlich kommt man in Deutschland heute als Politiker eher mit gewohnheitsmäßiger Untreue als mit der unzulässigen Abkürzung beim Erwerb eines akademischen Grades durch. Bei Guttenberg ließen die Plagiatsjäger erst ab, als er sein Amt als Verteidigungsminister niedergelegt hatte; auch bei Koch-Mehrin gaben sie sich nicht mit Teilerfolgen zufrieden.

Bevor ihr die Heidelberger Uni den Titel aberkannte, hatte Koch-Mehrin ihr Amt als Vorsitzende der FDP in Brüssel abgegeben, den stellvertretenden Posten als Vizepräsidentin des Europäischen Parlaments, den Platz im Präsidium der Freidemokraten – aber das genügte nicht. Ein paar besonders eifrige Aufpasser verlangten auch den Verzicht auf das Abgeordnetenmandat. Koch-Mehrin habe sich der Wählertäuschung schuldig gemacht, weil sie auf Plakaten den Doktortitel geführt habe, heißt es zur Begründung. Nun ja. Die Deutschen sind bekanntlich die Nation der Dichter und Denker, aber in diesem Fall den Wahlerfolg auf den akademischen Rang zurückzuführen, misst der Überzeugungskraft des «Dr.» vor dem Namen vielleicht doch etwas zu viel Bedeutung bei.

Große Aufregung verursachten die Plagiatsaffären naturgemäß im Wissenschaftsbetrieb. Niemand lässt sich gerne nachsagen, in einer Institution zu arbeiten, wo man es mit den Standards nicht so genau nimmt. Als die Kanzlerin nicht gleich von ihrem Verteidigungsminister lassen wollte und dies mit dem Hinweis versah, sie habe ja keinen wissenschaftlichen Assistenten eingestellt, gingen bei ihr 23 000 Unterschriften gegen diese «Verhöhnung» des akademischen Nachwuchses ein. Es hätte nicht viel gefehlt, und einige Doktoranden hätten sich am Zaun des Kanzleramts angekettet, um ihrer Empörung noch mehr Gehör zu verschaffen. Auch im Fall Koch-Mehrin waren die Standesvertretungen im Protest vereint. «Plagiate in wissenschaftlichen Arbeiten sind alles andere als ein Kavaliersdelikt», hieß es in einer Erklärung, mit der eine Reihe von Verbänden die FDP-Abgeordnete dazu bewegten, ihren kurz zuvor bezogenen Sitz im Forschungsausschuss des EU-Parlaments abzugeben.

Das ist alles hochanständig und in jeder Hinsicht begrüßenswert. Man würde die Ehrenerklärungen in eigener Sache nur zweifellos noch lieber lesen, wenn die Professoren, die jetzt so vehement die Reputation der Wissenschaft verteidigen, schon früher so entschieden aufgetreten wären. Leider hat man von keinen Protestnoten ans Kanzleramt gehört, als es darum ging, der eigenen Zunft die Möglichkeit zu verschaffen, sich im Schnellverfahren im universitären Betrieb einzurichten.

Es ist über die Zeit etwas in Vergessenheit geraten, aber eine der großen Innovationen des Hochschulwesens ist ein radikal vereinfachtes Prüfungsverfahren, das auch Außenseitern den Aufstieg ermöglichte. Nicht nur dass mittlerweile an nahezu jeder großen Universität Leute einen Professorentitel führen, deren größte Leistung oft darin besteht, in Talkshows eine gute Figur abgegeben oder mal eine Zeitung wie die «taz» geleitet zu haben. Zu den bedeutendsten Hinterlassenschaften der universitären Reformer, die sich nach 1968 daranmachten, den Muff unter den Talaren hinwegzublasen, gehört der Verzicht auf das althergebrachte Habilitationsverfahren, das den Nachwuchs über Gebühr am Schreibtisch festhielt. An die Stelle der klassischen Habilitationsschrift traten in vielen Fachbereichen «habilitationsähnliche Leistungen», womit nun schon ein Bündel verstreut publizierter Aufsätze reichte, um als Professor an eine deutsche Universität berufen zu werden. Wer «kumulativ» habilitiert, erspart sich nicht nur Probleme mit Fußnoten.

Die Delegitimierung der alten Ordinarienuniversität diente immer auch dem Ziel, Platz zu schaffen im Stellenplan. Wenn davon die Rede war, die alten Strukturen aufbrechen zu wollen, meinte das vor allem die formalen Hürden, die einen am Aufstieg aus den Niederungen des wissenschaftlichen Betriebs an die Spitze der Fachbereiche hinderten. Als besonders nachhaltige Reform darf in diesem Zusammenhang auch die paritätische Besetzung der Findungskommissionen gelten: Bis heute entscheiden an vielen Hochschulen die im AStA organisierten Studenten über die Besetzung von Professorenstellen mit, was den unbestreitbaren Vorteil hat, auch diejenigen auf begehrte Lebenszeitstellen zu hieven, deren wissenschaftliches Engagement sich eher politisch manifestierte.

Manchmal ist es doch ganz hilfreich, sich der Vergangenheit zu erinnern – zumal wenn sie noch nicht ganz so vergangen ist. Die gestiegene Bezichtigungsbereitschaft erwächst nicht selten aus einem Manko, das man gerne vergessen machen würde. Empörung wirkt immer auch selbstentlastend.

FÜR DICH IMMER NOCH: DIE FUSSBALL

Schon die Frage, wie man die Weltmeisterschaft nennen soll, die 2011 Millionen in ihren Bann zog, ist nicht so leicht zu beantworten. Darf man überhaupt von «Frauen-Fußball-WM» sprechen? Niemand käme schließlich auf die Idee, von einer Männer-WM zu reden. Das scheidet also schon einmal aus, weshalb man am besten auf jede geschlechtsspezifische Zuschreibung verzichtet. Auch das unbedachte Gerede von der deutschen «Frauen-Fußball-nationalmannschaft» verbietet sich eigentlich von selbst. «Mannschaft» geht gar nicht, wenn einem die Gleichberechtigung am Herzen liegt. Korrekt ist hingegen die Bezeichnung «Team», wie man den Leserbriefspalten der «taz» entnehmen konnte, in denen seinerzeit besonders hingebungsvoll über die emanzipatorischen Aspekte des Wettkampfs diskutiert wurde. «Frauschaft» wäre eine mögliche Alternative, bleibt aber wohl chancenlos, weil nach übereinstimmendem Votum dann doch nicht weltläufig genug.

Bis zum Ausscheiden des deutschen Teams lief eigentlich alles prima: Die Stadien waren voll, die Quoten glänzend, und auch das Wetter spielte halbwegs mit. Aber so können das natürlich nur Leute sehen, für die allein die Freude am Spiel zählt, denn selbstverständlich ging es um weit mehr als um Tore. Glaubt man den fortschrittsgesinnten Kräften im Land, war die WM ein Gradmesser dafür, wie weit wir mit der Emanzipation gekommen sind beziehungsweise welchen Weg wir noch vor uns haben.

Man muss nur einmal in die mit einem Grußwort der Grünen-Vorsitzenden Claudia Roth versehene Broschüre der Heinrich-Böll-Stiftung schauen, um die wahre Bedeutung dieses Großereignisses zu erkennen. Der Aufstieg des Frauenfußballs von einer Randsportart zu einem «festen Standbein der heimischen Teamsportarten» ist danach nicht weniger als eine «wichtige kulturelle Verschiebung in den Geschlechterbeziehungen auf globaler Ebene», ja mehr noch: der endgültige «Beweis für den Triumph des Gleichheitsfeminismus». Kein Wunder also, dass selbst der Schriftzug auf dem Trikot unserer Spielerinnen Anlass zu Debatten darüber gab, ob die Designer dafür die Schrift «Comic Sans» gewählt haben: Die gilt in der Branche angeblich als besonders hässlich, was als versteckte Abwertung gedeutet wurde.

Die Hooligans sind vorbereitet auf die Frauen-Fußball-WM

Die Krux am politisch korrekten Fußball ist der erweiterte Wettbewerbsgedanke. Weil die Frauen nicht nur als Sportlerinnen auf dem Platz stehen, die möglichst viele Treffer erzielen sollen, sondern auch als «Aktivistinnen» einer «emanzipatorischen Bewegung», wie es bei den Grünen hieß, konnte der Sieg erst erreicht sein, wenn sie genauso beachtet und gefeiert wurden wie ihre männlichen Konkurrenten bei der WM im eigenen Land 2006. Mindestens so wichtig wie das Torverhältnis war dabei die Einschaltquote; als eigentlicher Erfolg galt nicht die Gruppenführung, sondern der Marktanteil bei den Zuschauern. Der lag bis zur Niederlage im Viertelfinale bei sensationellen 50 Prozent, womit geschlechtspolitisch schon mal Entwarnung gegeben werden konnte (auch wenn sich natürlich fragen lässt, was es für den Stand der Emanzipation in Deutschland wohl bedeuten mag, dass überdurchschnittlich viele Männer ab 60 vor dem Fernseher hocken, wenn das deutsche Frauenteam im Stadion aufläuft).

Der Feminismus hat sich nie wirklich entscheiden können, was er vom Geschlechterunterschied halten soll. Einerseits sind seine Vertreterinnen immer ängstlich bemüht, jede geschlechtsspezifische Zuschreibung in Abrede zu stellen, die sich aus der biologischen Differenz ergibt. Wer darauf hinweist, dass Mädchen schon im Kindergarten andere Interessen verfolgen als Jungs, wird sofort auf den bestimmenden Einfluss von Erziehung und Umwelt verwiesen. Anderseits hält sich bis heute die romantische Vorstellung, dass die Welt irgendwie ein besserer und friedvollerer Ort wäre, wenn die Frauen in ihr mehr zu sagen hätten. Keine Diskussion über die Quote kommt ohne die Bemerkung aus, dass Unternehmen mit einem hohen Anteil weiblicher Führungskräfte kreativer und profitabler seien. Selbstredend darf auch bei der Befassung mit dem Fußball nicht der Hinweis auf die weibliche Solidarität im Kader fehlen, die zu einem kreativeren und eleganteren Spiel führe.

Wo das Anderssein als Problem begriffen wird, gehört es zum guten Ton, über offensichtliche Besonderheiten hinwegzusehen, deren Erwähnung als Diskriminierung verstanden werden könnte. Das hat selbst die Fifa begriffen, weshalb Ordner vor dem Spiel Brasilien gegen Australien gleich ein Spruchband einkassierten, auf dem der Satz zu lesen war: «Fußball ist alles – auch lesbisch.» Aber halt, das war auch nicht okay. Sofort hieß es, der Fußballverband habe ein Problem mit der gleichgeschlechtlichen Liebe, worauf sich die Verantwortlichen umgehend für den «Fehler» entschuldigten.

Man sieht, es ist wirklich nicht einfach mit der Gleichberechtigung, man kann da echt viel falsch machen. Vielleicht sollte man zur Abwechslung mal nicht über Fortschritt, Frauenrechte und den Weltfrieden nachdenken, sondern künftig einfach nur Fußball schauen. Das wäre ziemlich emanzipiert.

WARUM STEUERSENKUNGEN
JETZT RICHTIG SIND

Mit welcher Meinung macht man sich in Deutschland ganz schnell unmöglich? Ein vorsichtiger Einspruch gegen die Energiewende? Schlimm. Ein schüchternes Plädoyer für die ungeliebte Vorratsdatenspeicherung? Noch schlimmer. Aber wohl nichts stellt einen im öffentlichen Diskurs so verlässlich ins Aus wie der Versuch, der von der Regierung ins Auge gefassten Steuersenkung etwas abzugewinnen. Steuersenkung ist ganz furchtbar – wer so etwas gut findet, gilt als politisch unzurechnungsfähig.

Bei keinem Thema sind sich die Großkommentatoren deutscher Leitmedien so einig wie in ihrer Ablehnung der Entlastungspläne. Wenn es noch eines Belegs bedurft hätte, dass diese Regierung sofort abgewählt gehört, dann ihr Vorhaben, irgendwann im Jahr 2013 den Zugriff auf das Einkommen der Bürger um einen noch nicht genau bestimmten Betrag zu beschränken. Von sechs Milliarden Euro pro Jahr ist die Rede, es könnten aber auch weniger werden, so genau weiß es noch keiner. Gründe, warum man die Steuern nicht senken kann, gibt es immer, da muss man nicht weit suchen.

Dabei ist schon der Begriff Steuersenkung genau besehen irreführend. Tatsächlich geht es eher darum, die nächsten Steuererhöhungen auszugleichen, die durch Inflation und Progression ins Haus stehen, ohne dass sich an den Sätzen irgendetwas ändert. Wenn man der Koalition in dieser Angelegenheit einen Vorwurf machen wollte, dann doch wohl eher, dass sie für 2013 eine Entlastung verspricht, die sie schon in ihrem Koalitionsvertrag 2009 vereinbart hat. Aber so darf man die Sache in den sozial-ökonomisch versierten Vierteln selbstverständlich nicht sehen. Jeder Euro mehr für den Staat ist schließlich gut angelegt, da besteht ausnahmsweise mal Konsens, und zwar von links bis rechts.

Beziehungsweise mittlerweile heißt es, wir seien zu verschuldet, um uns Steuersenkungen leisten zu können. Überall ist von der Vordringlichkeit einer soliden Haushaltsführung die Rede. Das klingt ja auch besser als der schnöde Hinweis, dass man mit dem Geld nicht auskommt, welches man den Bürgern abnimmt. Irgendwie ist nie die Zeit, die Steuern zu senken. Entweder dem Staat fehlt gerade Geld, weil die Einnahmen nicht so fließen, wie sich die Politik das vorgestellt hat. Oder die Einnahmen liegen über den Erwartungen, dann hat der Staat leider in der Vergangenheit noch mehr ausgegeben, als es eigentlich angemessen gewesen wäre. In jedem Fall fehlen leider die «finanziellen Spielräume» für eine Selbstbeschränkung, wie es dann heißt. Damit darf alles weiterlaufen wie gehabt.

Tatsächlich steigt der Schuldenstand seit Jahren, und zwar völlig unabhängig von den Versprechungen der Politik, die Dinge unter Kontrolle zu bekommen. Wer einen Blick in den Haushaltsentwurf für 2012 wirft, wird feststellen, dass sich die Regierung 27,2 Milliarden Euro an neuen Krediten bewilligt hat – obwohl die Steuereinnahmen so hoch sind wie noch nie in der Geschichte der Bundesrepublik. Es ist auf den ersten Blick nicht ganz leicht zu erkennen, wie sich eine Neuverschuldung in dieser Höhe mit dem proklamierten Ziel der Haushaltskonsolidierung versöhnen lässt, aber jetzt gilt es eben schon als große Tat, dass man ein paar Milliarden Euro weniger aufnimmt als im vergangenen Jahr. «Bund macht weniger Schulden», hieß dazu die Überschrift in der begleitenden Tagespresse. Auch so kann man die Leute an der Nase herumführen.

Wer darauf vertraut, dass der Staat mit dem Geld auskommt, das er bei seinen Bürgern einzieht, kann lange warten. In dieser Hinsicht verhält er sich wie eine kaufwütige Hausfrau, der immer noch etwas einfällt, was sie gerade ganz dringend haben muss. Anders als der Privatmann verfügt der Staat über nahezu unbegrenzten Kredit, wenn das Konto ins Minus läuft, das macht die Sache für ihn so überaus angenehm. Man muss kein Prophet sein, um vorherzusagen, dass der beschlossene Haushalt selbstverständlich nicht ausreichen wird. Niemand kann sagen, was uns die Euro-Rettung kostet oder die Energiewende, die sich die Regierung vorgenommen hat, aber es wird in jedem Fall teurer als vorgesehen.

Mit Sicherheit wäre man eher geneigt, über die Ausgabewut hinwegzusehen, wenn die Verantwortlichen für sich in Anspruch nehmen könnten, sie würden mit den von ihnen eingezogenen Geldern ordentlich wirtschaften, aber auch das lässt sich ja nicht wirklich behaupten. Nicht nur dass die Wirtschaftsinstitute mit immer neuen Armutszahlen überraschen, und zwar völlig unabhängig vom Konjunkturverlauf. Auch um die Daseinsvorsorge, die vornehmste Aufgabe des Sozialstaats, steht es bekanntlich nicht sonderlich gut. Wer heute 40 Jahre alt ist, kann froh sein, wenn er das eingesetzte Kapital bei Rentenbeginn ohne Abzüge wiederbekommt. Selbst in günstigen Prognosen liegt die Verzinsung derzeit bei zwei Prozent, das reicht nicht einmal, um mit der Inflation Schritt zu halten.

Viele Experten halten sogar eine «Minusverzinsung» für wahrscheinlich, wie der Brancheneuphemismus für Verlust ist.

Für die meisten Deutschen steht und fällt das Ansehen des Staats mit der Qualität seiner Leistungen, doch genau da beginnt heute für viele das Unbehagen. Während er sich ständig Neues aufhalst, scheint der Staat die Erfüllung seiner Kernaufgaben nicht mehr ernst zu nehmen. So entsteht die eigenartige Situation, dass er von Jahr zu Jahr neue Rekordsummen aufnimmt, die Eltern aber die Klassenzimmer streichen müssen, weil es sonst niemand tut, und Polizisten sich Teile ihrer Uniform selber kaufen müssen. Die Sachwalter des Sozialen versuchen den Leuten einzureden, dass der Staat seine Arbeit nicht ordentlich erfüllen könne, weil er ständig zurückgedrängt und in seinen Ansprüchen beschnitten werde. Sie versuchen mit anderen Worten, den selbstverursachten Missstand zur Legitimation neuer Befugnisse zu nutzen.

Wir haben uns angewöhnt, nicht die Erfindung immer neuer Steuern für begründungspflichtig zu halten, sondern den Widerspruch dagegen. Vielleicht sollte man zur Abwechslung mal diejenigen zur Rechenschaft ziehen, die so großzügig mit dem Geld anderer Leute verfahren. Eine Steuersenkung wäre ein erster Schritt in diese Richtung.

HALTEN SIE DURCH, MR. MURDOCH!

Das Einfachste wäre, man würde den Boulevard verbieten. Keine Zeitungen mehr, die den Leuten vorrechnen, was sie die Euro-Rettung oder der Betrug auf dem Sozialamt kostet. Keine Schlagzeilen gegen neue Ökosteuern, zu lasche Urteile und freche Ausländer. Stattdessen nur noch Kommentare, warum es gut ist, wenn wir die Griechen herauspauken und uns für die Ausweitung des Sozialen immer weiter verschulden. Am besten, man stellte bei der Gelegenheit auch gleich das Privatfernsehen ein. Das öffentlich-rechtliche System hat zwar ebenfalls nicht nur «Arte» im Programm, wie ein Abstecher in den «Musikantenstadl» zeigt. Aber dafür haben hier wenigstens die Politiker das Sagen, das garantiert immerhin eine gewisse Durchgriffshaftung bei zu viel journalistischer Flegelhaftigkeit.

Was für ein Segen, dass es Rupert Murdoch gibt. Nach den Enthüllungen über die Abhörpraktiken bei der Sonntagszeitung «News of the World» durften sich alle bestätigt fühlen, die dem Boulevard schon immer alles zutrauten. Die meisten, die sich hierzulande über Murdoch und die Recherchepraktiken in dessen Reich erregten, haben zwar noch nie eines seiner Produkte in der Hand gehalten, aber man kann sich ja auch fremdempören. Das ist sogar noch schöner, als wenn man selbst nah dran ist. Nüchtern betrachtet zeigten die Vorgänge nur wieder einmal, zu welchen Mitteln manche Menschen im Geschäftsleben grei-

fen, wenn ihnen niemand klar sagt, wo die Grenzen liegen.
Das ist im Journalismus nicht anders als in jedem anderen
Gewerbe. Da werden dann auch Handys abgehört und
Polizisten bestochen, um sich einen Wettbewerbsvorteil zu
verschaffen. Das ist alles eindeutig illegal und deshalb ein
Fall für die Staatsanwaltschaft. Aber so kühl kann man
die Dinge natürlich nicht sehen, wenn es um einen Mann
wie Murdoch geht. Da treten selbst die Fußball-WM und
das Sommerinterview mit der Kanzlerin in den Hintergrund.

Wer den Fernseher einschaltete oder die Meinungsspal-
ten der großen Blätter studierte, musste den Eindruck gewinnen, dass der Pressezar aus Adelaide in der Downing
Street regiert. Überall konnte man über die Medienmacht
lesen, die Murdoch walten lässt. Doch das eigentliche Vergehen war seine Meinung, auch wenn das keiner so sagte.
Der Mann gilt als konservativer Knochen, der seine Blätter verlässlich für die rechte Sache trommeln lässt; das
reichte, um ihn zur Hassfigur zu machen. Darin gleicht er
dem Fernsehunternehmer Leo Kirch, dessen größtes Verbrechen ja auch immer in der falschen Gesinnung bestand.

Mit Sicherheit wären die fortschrittlichen Kräfte dem
Boulevard ein wenig gnädiger gesinnt, wenn sie selbst in
dem Metier erfolgreicher wären. Aber es ist eben wahnsinnig schwer, eine linke «Bild» zu machen, wie sich zeigt.
Man kann den Lesern noch so oft vorbeten, warum jugendliche Straftäter Mitgefühl statt Gefängnis verdienen
und jeder, der von außen zu uns kommt, ein Segen für das
Land ist. Die Leute halten trotzdem hartnäckig an ihren
Vorurteilen fest und lassen die pädagogisch wertvolle Botschaft respektlos in den Regalen liegen. Die Medienwis-
senschaft hat daraus den Schluss gezogen, dass Boulevard-
medien die Menschen verderben, indem sie ihnen unter-

jubeln, wie sie zu denken und zu wählen haben. Tatsächlich ist es wohl eher so, dass der Erfolg der Boulevardpresse in ihrem sicheren Gespür für Mehrheitsstimmungen liegt, die sie dann in griffige Zeilen gießt.

Wer die Boulevardzeitungen eines Landes verachtet, der verachtet in Wahrheit das Volk, das solche Presseerzeugnisse groß und mächtig macht. Die Wortführer der Intelligenz haben sich immer schwergetan mit der einfachen Masse. Es ist ja auch wirklich zu schmerzhaft, wenn man ganz genau weiß, was gut für das Land ist, aber nicht die entsprechende Zustimmung erhält, ob am Kiosk oder später an der Wahlurne. Schon in der Französischen Revolution mussten die Aufklärer erkennen, dass zwischen dem Volk, wie sie es erdachten, und dem Volk, wie es tatsächlich als revolutionäres Subjekt auf die Bühne trat, ein gravierender Unterschied bestand. «Ich sage nicht, dass sich das Volk schuldig gemacht hat», erklärte Maximilien de Robespierre im Februar 1793 nach Plünderungen in Paris. «Aber wenn das Volk schon aufsteht, sollte es dann nicht ein seiner Bemühung würdigeres Ziel haben, als es sich nur nach jämmerlichen Nahrungsmitteln gelüsten zu lassen?» So ist es seitdem immer gewesen: Die Avantgarde macht hochherzige Pläne, die Menge verfolgt andere, nahliegendere Ziele.

Man kann der Linken nur wünschen, dass Rupert Murdoch noch ein wenig durchhält. Da weiß man wenigstens, mit wem man es zu tun hat. Leo Kirch ist tot, Berlusconi als Ministerpräsident abgetreten – wenn jetzt auch noch der Mann aus Australien verschwindet, ist niemand mehr übrig, den man für die eigenen Misserfolge schuldig sprechen kann. Das wäre dann wirklich ein Verlust.

SOZIALISMUS IM NETZ

Der Kapitalismus steht nicht überall in hohem Ansehen, wie man weiß. Zeit also, ein gutes Wort für ihn einzulegen. Woran ließe sich das besser festmachen als am World Wide Web? Kaum eine andere technische Revolution zeigt so eindrucksvoll, zu welchen Leistungen die freie Marktwirtschaft in der Lage ist, wenn Innovationskraft und Kapital zusammenkommen. Was im Sommer 1991 mit der Freigabe des WWW für eine breitere Öffentlichkeit begann, ist eine Erfolgsgeschichte der Globalisierung, von der man umstandslos sagen kann, dass sie das Leben von Millionen Menschen nicht nur leichter, sondern auch produktiver gemacht hat.

Aber so einfach liegen die Dinge natürlich nicht, jedenfalls nicht, wenn man der Netzgemeinde angehört, die das Interpretationsmonopol beansprucht, wie die Entwicklung des Internets in Wahrheit zu sehen und zu bewerten ist. Hier steht man dem System grundsätzlich kritisch gegenüber, was bedeutet, dass man höhere Dinge im Blick hat, allen voran die Überwindung der bürgerlichen Wirtschaftsordnung, der das Ganze seine Entstehung verdankt.

Es ist eigenartig: Kaum eine Erfindung des Kapitalismus hat solche Vermögen hervorgebracht (und auch vernichtet) wie das Internet, aber bis heute hält sich die romantische Vorstellung vom Netz als einer Art frühsozialistischer Urkommune, in der alle Unterschiede eingeebnet und die traditionellen Besitzverhältnisse aufgehoben sind.

Wer die zahllosen Verlautbarungen und Manifeste zum Siegeszug des Internets ansieht, findet statt eines Lobs der Risikofreude, die aus der Profitgier erwächst, sämtliche Topoi der Kapitalismuskritik wieder. Da ist die Rede von einer Gegenöffentlichkeit zu den etablierten Medien, das Loblied des herrschaftsfreien Diskurses, wo alle irgendwie gleich sind, die Klage über die Monopole, die uneinsichtig an ihrer alten Marktmacht festzuhalten suchen.

Das große Wort führen auch hier vor allem Leute, deren wesentlicher Beitrag zur digitalen Revolution der Kauf eines Modems und ein Vertrag mit der Telekom sind. Das hält die Netzaktivisten selbstredend nicht davon ab, mit großer Verve für die Vergesellschaftung zumindest jener Güter einzutreten, die sich auf elektronischem Wege verschicken lassen. Tatsächlich durchzieht viele Proklamationen zum Internet ein merkwürdiger Egalitarismus, dem das Beharren auf Eigentumsrechten grundsätzlich verdächtig ist. In der Netzutopie spielt Geld keine bestimmende Rolle mehr. In dieser schönen neuen Welt nimmt sich jeder gemäß seinen Bedürfnissen und bezahlt dafür nach seinen Fähigkeiten, wenn überhaupt.

Alle Versuche, der bürgerlichen Eigentumsordnung auch im Internet Geltung zu verschaffen, werden von den Netzenthusiasten als Einschränkung ihrer Freiheitsrechte verstanden. Schon die Abschaltung einer Web-Seite zum illegalen kostenlosen Genuss von Kinofilmen kann ihren Protest hervorrufen; dann ist sofort von Zensur die Rede, beziehungsweise von einem Angriff auf die «Freiheit des Internets». Aber wie sollte es auch anders sein, wenn bereits das von Urheberrechten befreite Kopieren als unveräußerliches Menschenrecht gilt?

Sobald es um die «gesellschaftliche Teilhabe» der Bürger geht, müssen andere Interessen zurückstehen, allen voran kommerzielle. «Die Schaffung von künstlichem Mangel aus rein wirtschaftlichen Interessen erscheint uns unmoralisch», heißt es im Forderungskatalog der Piratenpartei, die sich als politischer Arm der Bewegung versteht. «Wir sind der Überzeugung, dass die nichtkommerzielle Vervielfältigung und Nutzung von Werken als natürlich betrachtet werden sollte.» Dass die Piratenpartei ihr Programm um die Forderung nach einem bedingungslosen Grundeinkommen erweiterte, ist da nur folgerichtig. Wer sich einmal an den Gedanken gewöhnt, dass alles frei ist, will sich um den Lebensunterhalt keine Sorgen mehr machen müssen.

Wo die Respektlosigkeit vor der Unverletzlichkeit des Eigentums zur Tugend wird, verlieren auch andere Bürgerrechte an Geltung, das kann nicht ausbleiben. Natür-

Deutschland 2020: Die Piratenpartei stellt den Kanzler

lich wäre es wünschenswert, Unternehmen wie Google oder Facebook würden ihre Kundendaten wie einen privaten Schatz hüten, anstatt sie der Verwertung zuzuführen, aber so lässt sich kaum ein Geschäft aufziehen. Damit ist die Enteignung in der Privatsphäre angekommen, auch wenn das mit « open access » so nicht gemeint war.

Das Internet mag alles Mögliche revolutioniert haben, aber die Bedingungen kapitalistischer Warenproduktion, wo jeder Leistung eine Entlohnung gegenübersteht, hat das Netz nicht geändert. Der Kapitalismus war schon immer sehr einfallsreich, wenn es darum ging, seine Kunden zur Kasse zu bitten. Der Umbruch steht noch aus.

AUF ZUR FRÖHLICHEN SYMPATHISANTENJAGD

Es war nur eine Frage der Zeit, bis die Suche nach den geistigen Hintermännern beginnen würde. Im Fall von Anders Breivik brauchte es gerade mal drei Tage, und die ersten Verdächtigen waren ausgemacht: der Publizist und Polemiker Henryk Broder natürlich, Thilo Sarrazin, der Verleger Mathias Döpfner. Der Vorstandsvorsitzende des Springer-Konzerns war vermutlich selber überrascht über seine Nennung, aber er hat einmal einen Kommentar geschrieben, in dem er vor dem Islamismus in Europa warnte. Das reichte, um in Erklärungszwang zu geraten.

Sonst sind immer die Computerspiele schuld, wenn ein junger Mann aus der Mitte der Gesellschaft zum Amokläufer wird; im Fall des norwegischen Attentäters waren es die sogenannten Islamkritiker. Niemand ging so weit, eine direkte Linie von den Anschlägen in Oslo zu den Texten der inkriminierten Autoren zu ziehen; die hat der Todesschütze nachweislich nie gelesen, weil er kein Deutsch kann. Aber die direkte Lektüre war auch gar nicht nötig, um den Bogen zu spannen. Es genügte, dass dieselben Sujets auftauchten, die gleichen Zitate. Breivik sei ein «Einzeltäter», aber kein «Einzeldenker», hieß es in der «Zeit». Damit waren alle in Haftung genommen, die in der Nähe des Killers aus Oslo auftauchten, und sei es nur gedanklich.

Stellen wir uns für einen Moment vor, der Attentäter hätte das Jugendlager der rechten Fortschrittspartei heimgesucht und im Netz eine Anklage gegen den Atomstaat hinterlassen. Würden wir Claudia Roth zur geistigen Brandstifterin erklären und den Atomausstieg in Frage stellen? Wohl kaum. Wir würden das Naheliegende tun und den Attentäter als das sehen, was er ist: ein verwirrter Geist, der sich eine Wahnwelt zusammengezimmert hat, die am Ende zum Massenmord führt. Das Beispiel ist übrigens nicht so weit hergeholt, wie es erscheinen mag. Auch für den Öko-Terrorismus gibt es ein Vorbild in der jüngeren Terrorgeschichte. Der Una-Bomber, aus dessen Manifest sich Breivik für seine eigene Proklamation ausführlich bediente, war ein fanatischer Naturschützer, der den technologischen Fortschritt für das Übel in der Welt verantwortlich machte. Der Terrorist führt jeden Gedanken an sein ultimatives Ende. Das gilt theoretisch für alles, was einen ideologischen Kern besitzt: die Islamkritik, den Tierschutz oder den Kampf gegen genveränderten Mais.

Angeblich ging es in der Ausdeutung der Breivik-Literatur darum, Erklärungen zu finden für die Schreckenstat, Verständnis für die Beweggründe, aber das war Mummenschanz. Tatsächlich zielten die Verdächtigungen darauf ab, die Diskursräume zu verengen, Publikationsgehege abzustecken. Wer in die geistige Nachbarschaft zu einem Massenmörder gerät, soll sich besser vorsehen, was er künftig von sich gibt. So etwas kommt von so etwas, lautete kurz gefasst die Botschaft, die aus den Kommentaren sprach. Gegen diese Beweisführung hilft kein genaues Lesen mehr. Da kann man nur noch den Kopf einziehen.

Natürlich haben Worte Folgen, manchmal sogar dramatische. Aber wer einen Autor für die Handlungen seines Publikums in Haftung nimmt, bürdet ihm eine Verantwortung auf, die beängstigend ist und wohl auch sein soll. Wir hatten das schon einmal in Deutschland, es ist gar nicht so lange her. Als die RAF ihre kleine Mordserie begann, mussten sich Schriftsteller wie Heinrich Böll für ihr Schreiben verantworten. Böll war viel weiter gegangen als die Autoren, die nun in Rede stehen. Er hatte Verständnis für die Taten gezeigt, dennoch galt die sich daran anschließende Sympathisantenjagd als bedenklicher Rückschritt. Ausgerechnet der damalige Verfassungsschutzpräsident Günther Nollau erinnerte in einem SPIEGEL-Gespräch an den Unterschied zwischen dem Radikalismus der Tat und dem Radikalismus im Denken: «Das Strafrecht kennt den Begriff des Sympathisanten nicht. Es unterscheidet ‹Täter›, ‹Gehilfen›, ‹Begünstiger›. Da wird nicht mit Vermutungen operiert. Da müssen Tatsachen bewiesen werden, Tatsachen, aus denen hervorgeht, welchen Beitrag einer zur Tat geleistet hat.» Im Fall von Leuten wie Broder geht es noch nicht einmal um Sympathie, sondern nur um willkürlich zusammengenähte Zitatfetzen.

Vielleicht liegt das Missverständnis schon darin, eine politische Ausdeutung von Attentaten wie in Oslo zu versuchen. Politik heißt immer auch Interessenausgleich, der Terror aber ist seinem Wesen nach apolitisch. Der Terrorist will nicht verhandeln, sondern zerstören. Die einzige Botschaft, die er für uns bereithält, ist die Negation von allem, was uns heilig ist. Seine Gewalt ist kein Mittel zur Kommunikation, sondern das Medium, durch das er zu sich selber spricht; er ist allein an der Machtfülle interessiert, die ihm der Triumph über andere ermöglicht. Wenn überhaupt, dann ist dieser Drang zur Selbstermächtigung psychologisch zu erklären. Es ist ja vermutlich kein Zufall, dass sich vor allem junge Männer mit einer Fixierung aufs Sexuelle zum Massenmord hingezogen fühlen. Das gilt für die Dschihadisten und ihren seltsamen Traum von Gruppensex im Paradies, und das gilt auch für den Todes-

schützen aus Oslo, in dessen Selbsterklärung sich alle An-
steckungsphobien des gestörten Mannes finden.

Viel war im Nachgang von der offenen Gesellschaft die
Rede, die es zu verteidigen gelte. Kaum ein Kommentar
kam ohne ein Lob für die Haltung der Norweger aus, die
dem Hass das Bekenntnis zur Freiheit entgegensetzen.
Man mag darüber streiten, ob dieses Bekenntnis bedeuten
muss, auf mehr Sicherheit und schärfere Strafgesetze zu
verzichten. In jedem Fall aber gehört zur Freiheit das Eintreten gegen Denunziation und Einschüchterung. Die Erfahrung lehrt, dass Vorsicht geboten ist, wenn das Leid
fremder Menschen zum politischen Geländegewinn be-
nutzt wird. Diese Enteignung kommt immer hochmora-
lisch daher, dabei ist sie alles andere als das.

ACHTUNG, GEMEINSCHAFTSPATHOS!

Vielleicht muss man an dieser Stelle doch einmal auf die landsmannschaftliche Herkunft von José Manuel Barroso zu sprechen kommen. Wir erinnern uns, das ist dieser immer etwas traurig dreinblickende Mann mit der sympathischen Knollennase, der unweigerlich mit im Bild ist, wenn sich die Bundeskanzlerin zu einem Gipfeltreffen in Brüssel aufhält. Barroso ist Portugiese. Das spricht nicht gegen ihn, Gott bewahre. Portugal ist ein schönes Land mit viel Sonne, freundlichen Menschen und einer langen, stolzen Tradition als Seefahrernation. Man kann nur allen zu einem Besuch raten, die noch nicht dort waren.

Allerdings zählt Portugal auch zu den Zwergstaaten an der Peripherie des europäischen Staatenverbundes, die in der jüngeren Vergangenheit so über ihre Verhältnisse gelebt haben, dass sich nun das ganze Unternehmen in Gefahr befindet und Angela Merkel ein Krisengespräch nach dem anderen führt. Muss man noch erwähnen, dass Barroso als Ministerpräsident seines Landes alle Eide auf die Maastricht-Verträge abgelegt hat, bevor er dann an die Spitze der EU-Kommission wechselte? Und dass Portugal, ein Jahr nachdem er Lissabon gen Brüssel verlassen hatte, das höchste prozentuale Defizit auswies, das bis dahin ein Euro-Land zu melden wusste?

Man sollte also denken, dass sich der Kommissionspräsident ganz kleinmacht, wenn in Europa darüber nachgedacht wird, wie man die Südländer finanziell über Wasser hält. Europa heißt in diesem Fall: in Deutschland und Frankreich, also den beiden Staaten, aus denen im Wesentlichen das Geld kommt, das zur Rettung an anderer Stelle gebraucht wird. Aber so selbstbescheiden kann man die Sache als Präsident der EU-Kommission natürlich nicht sehen. Außerdem gehört Geld aus Brüsseler Sicht zu den Dingen, die immer ausreichend da sind, daran hat auch die Krise nichts geändert. Notfalls erhöht man eben ein paar Steuern.

Was liegt da näher, als die Sache selber in die Hand zu nehmen, wenn sich die Mitgliedstaaten zieren? Vor einiger Zeit hat die Kommission für sich das Recht reklamiert, endlich selbst Steuern erheben zu dürfen. Für den Anfang hätte man gern ein paar Prozentpunkte auf die Mehrwertsteuer, dazu eine Beteiligung an der geplanten Abgabe auf alle Finanztransaktionen. So eine Krise ist zu vielem gut, auch zur Durchsetzung langgehegter Wünsche.

Im Sommer 2011 hat Barroso sich wieder Gedanken gemacht und dazu einen Brief an die 27 Staats- und Regierungschefs der EU geschrieben. Eigentlich war es mehr ein offener Brief, also jene Art von Schreiben, die man aufsetzt, wenn man vor allem auf sich selber aufmerksam machen will. Was stand in dem Brief drin? Dass die Dinge weiter ernst sind und man deshalb den Krisenfonds so aufstocken möge, dass er notfalls auch Italien oder Spanien Schutz bietet. Wie ein Rettungsfonds konstruiert sein soll, der die dritt- und die viertgrößte Volkswirtschaft der Euro-Zone mit Krediten versorgt, wenn es der freie Markt nicht mehr tut, ging aus dem Brief nicht hervor. Aber um solche Details geht es Barroso ja auch gar nicht; entscheidend ist die Verschiebung der Machtverhältnisse, und die beginnt bei der Verfügungsgewalt über den Haushalt, wie jeder Politiker weiß.

Man kann lange darüber streiten, ob es nicht genau solche Interventionen aus der Spitze der EU-Bürokratie sind, die dafür sorgen, dass die Lage nicht besser wird. Bedeutsamer ist, dass der Kommissionspräsident mit seinen Vorstellungen zur Neugestaltung der Verhältnisse nicht allein steht. Der Kampf um die Rettung des Euros ist auch ein Kampf der wirtschaftspolitischen Kulturen, dessen Ausgang darüber entscheidet, ob die Zukunft Europas im Etatismus liegt – oder in einem System, das weiter den produktiven Wettbewerb kennt. Für die Anhänger der großen Transferunion liegt das Heil in einer Art Super-Sozialstaat, der die Differenzen, die sich aus der unterschiedlichen Leistungskraft der einzelnen Mitgliedstaaten ergeben, weitgehend einebnet. Dagegen steht das Lager derjenigen, für die nationale Grenzen weiterhin ihre Bedeutung haben, und auch die Würdigung der Anstrengungsbereitschaft, die sich in den Wirtschaftsbilanzen ausdrückt.

In Deutschland wächst die Skepsis über die Euro-Rettung

Man muss sagen, bislang hat Angela Merkel alle Versuche, die Probleme dadurch zu lösen, dass man sie vergesellschaftet, auf ihre hinhaltende Art ganz gut pariert. Dass die deutsche Regierungschefin sich bemüht, das Geld ihrer Landsleute zusammenzuhalten, bringt ihr allerdings auch im Inland mehr Tadel als Lob ein. Das mag nicht zuletzt daran liegen, dass in den Ressorts, in denen ihr Verhandlungsgeschick beurteilt wird, die Vertreter der Sozialstaatslösung besonders zahlreich vertreten sind.

Viel ist jetzt von dem friedlichen Miteinander in Europa die Rede, den Verpflichtungen aus zwei Weltkriegen, der Zukunft unserer Kinder. Das allein sollte einen skeptisch machen. «Wer Menschheit sagt, will betrügen», heißt es bei Carl Schmitt. Dass der Satz von Schmitt stammt, spricht nicht gegen seinen Wahrheitsgehalt; der Mann kannte sich aus mit politischem Pathos. Wo großzügig mit dem Eigentum anderer Leute verfahren wird, mangelt es selten an großen Worten. Tatsächlich besteht zwischen rhetorischem Aufwand und Enteignungswille ein enger Zusammenhang, wie man aus der Vergangenheit weiß.

ABMAHNUNG AUS BRÜSSEL

Zwei Tage nach Veröffentlichung der letzten Kolumne erreichte die Redaktion ein Schreiben, in dem die Sprecherin des EU-Kommissionspräsidenten einen eklatanten Fall von «Rufschädigung» als Folge eines «fehlerhaften Kommentars» beklagte. Die Europäische Kommission müsse den «Inhalt» der Kolumne «entschieden» zurückweisen, schon weil er eine Reihe «faktischer Irrtümer» enthalte. Bis heute sei Barroso, anders als behauptet, «für sein großes Engagement für Haushaltsdisziplin bekannt» – ja, dieses Engagement mache überhaupt «einen wesentlichen Teil seines politischen Profils» aus, so die Kommission beziehungsweise ihr Vorsitzender beziehungsweise die Sprecherin: «Ein Kommentar, der auf den korrekten Fakten beruhen würde, hätte eine andere Tonalität.»

Nun ist es aus hiesiger Sicht schwer zu beurteilen, welche Tonalität man am Sitz des Kommissionspräsidenten bei der Befassung mit seiner Person gewohnt ist. Es gibt, von Hugo Chávez einmal abgesehen, auch nicht viele Weltpolitiker, die ihren Apparat wegen eines «fehlerhaften Kommentars» aus dem Urlaub rufen würden. Das moderne Gegendarstellungsrecht kennt aus gutem Grund keine falschen Meinungen, sondern nur falsche Tatsachenbehauptungen. Tatsächlich ist es in den allermeisten parlamentarisch kontrollierten Institutionen inzwischen aus der Mode gekommen, die eigenen Leute schreiben zu

lassen, was für ein toller Kerl man doch ist. Solche Erge-
benheitsadressen an den geliebten Führer kennt man
heute eher aus Weltregionen, in denen die Demokratie
noch nicht wirklich verankert ist.

Aber das sind, angesichts der erhobenen Vorwürfe, Ne-
bensächlichkeiten. Wichtiger ist, ob dem Mann mit dem
Verweis auf seine finanzpolitische Herkunft Unrecht wi-
derfahren ist. Die Portugiesen stehen spätestens seit Ausbruch der Euro-Krise nicht eben im Ruf, solide Haushäl-
ter zu sein. Dass José Manuel Barroso seinem Land nach
Einführung des Euro zwei Jahre als Ministerpräsident
diente, war hier ebenfalls nicht unerwähnt geblieben.
Eben dies aber hat nun den besonderen Ingrimm des Kommissionspräsidenten hervorgerufen, wie man der Protest-
note aus Brüssel entnehmen kann: Herr Barroso habe in
seiner Zeit als Regierungschef die Neuverschuldung Portugals deutlich gesenkt, heißt es dort, für alle späteren De-
fizitsteigerungen seien die «nachfolgenden Regierungen»
verantwortlich.

Auch die beanstandete Kolumne hatte nicht behauptet,
dass Barroso das Defizit seines Landes in die Höhe getrieben habe; vielmehr wurde in ihr ausdrücklich vermerkt,
dass der Schuldenstand genau ein Jahr nach seinem Wechsel von Lissabon nach Brüssel einen ersten Rekordstand
erreichte. Aber offenbar reicht das Barroso nicht als ent-
lastender Hinweis. Der Mann will als ein Politiker gelten,
dem man bedenkenlos sein Geld anvertrauen kann, also
wünscht er jetzt auch keine Gegendarstellung, sondern
eine Ehrenerklärung.

Man würde ihm ja den Gefallen gerne tun, schon um
sich als guter Europäer zu erweisen. Das Problem ist nur,
dass es sich mit den Fakten so schwer verträgt. In Wahrheit ist es Barroso in seiner Zeit als Ministerpräsident nur

denkbar knapp gelungen, die Neuverschuldung unter den im Maastricht-Vertrag vereinbarten drei Prozent der eigenen Wirtschaftskraft zu halten. 2004, also im Jahr seines Amtswechsels, lag das Defizit schon wieder bei 3,4 Prozent und damit deutlich über dem Erlaubten. Und auch diese Sparanstrengung, auf die der Kommissionspräsident heute so stolz ist, hält leider nicht das, was sie zu versprechen scheint.

Statt vor allem die Ausgaben zu senken, um so zu einem ausgeglichenen Haushalt zu kommen, behalf sich seine Regierung damit, die Bilanz durch sogenannte Sondereinnahmen aufzubessern. Erst ließ Barroso staatliche Beteiligungen verkaufen, dann zapfte er die Pensionskasse des staatseigenen Postunternehmens an. Als auch das nicht mehr reichte, ließ er ein Gesetz verabschieden, das es ihm ermöglichte, künftige Steuerzahlungen an der Börse zu verkaufen. Die Experten wussten natürlich, was sie von solcher Zahlenkosmetik zu halten hatten: «Portugals regulärer Fehlbetrag bei fünf Prozent», meldete die «Börsen-Zeitung» im November 2003, da war Barroso im zweiten Jahr seiner Amtszeit.

Schwer zu sagen, was man in der EU-Kommission unter «Haushaltsdisziplin» versteht. Normalerweise ist damit jedenfalls nicht gemeint, dass man einfach alles unter die Leute bringt, was sich irgendwie zu Geld machen lässt. Diese Art der Haushaltssanierung ist nicht sehr nachhaltig, wie das Beispiel von Portugal zeigt. Anderseits ist es nie zu spät, mit dem Sparen anzufangen, wenn es einem wirklich ernst damit ist. Nirgendwo in der westlichen Welt verdient man als Beamter netto so gut wie in Brüssel. 3907 Euro netto beträgt das Einsteigergehalt einschließlich der Zulagen, so viel bekommt man hierzulande noch nicht mal als Referatsleiter in einer obersten Bundesbehörde. Aber vielleicht sollten wir den Punkt hier lieber nicht vertiefen, sonst gibt es gleich wieder einen Brief wegen der falschen Tonalität.

WARUM FRANK SCHIRRMACHER IRRT

Okay, sagen wir einfach, die Linke hat recht. Damit liegt man zur Zeit immer richtig, mit diesem Bekenntnis kommt man anstandslos durch jede Debatte. Seit in England für ein paar Tage die Straßen brannten und an den Börsen die Kurse purzeln, steht die linke Gesellschaftskritik wieder hoch im Kurs. Wenn man «FAZ»-Herausgeber Frank Schirrmacher glauben darf, haben die Systemzweifel inzwischen sogar das bürgerliche Lager erreicht. Als Kronzeuge für diesen Befund dient ihm der britische Journalist Charles Moore, der sich nach 30 Jahren als bekennender Konservativer im «Daily Telegraph» die Frage stellte, ob er nicht sein Leben lang falschgelegen habe. «Ehrlich gesagt: Wer könnte ihm widersprechen?», schreibt Schirrmacher dazu. Das nennt man wohl eine akute Glaubenskrise.

Schwer zu sagen, was genau bei Leuten wie Moore den Zerknirschungsschub auslöste, der sie nun dazu bringt, der Linken zu ihrer Hellsichtigkeit zu gratulieren. Vielleicht ist ihnen im jüngsten Börsensturm ein Aktienpaket zu viel um die Ohren geflogen; vielleicht wollen sie auf ihre alten Tage auch einfach noch einmal zum vermuteten Mainstream aufschließen. Der Gesinnungswandel wird natürlich dankbar aufgenommen: Wenn schon die Konservativen ihren Glauben an den Kapitalismus widerrufen, muss es wirklich schlecht um das Ganze stehen. Entsprechend groß ist das Echo auf die Selbstanklage bei

allen, die schon immer der Marktwirtschaft und ihren er-
folgreicheren Akteuren misstrauten.

Die Frage ist nur, mit was die Linke eigentlich recht behalten haben soll. Mit ihrem Gefühl, dass es in der Welt
nicht gerecht zugeht und die Reichen den Armen immer
einen Schritt voraus sein werden? Um das zu begreifen,
bedarf es keines ideologischen Standpunkts, sondern lediglich zweier offener Augen. Dass der Kapitalismus auch
ein paar sehr hässliche Seiten hat, ist ja keine ganz neue
Erkenntnis. Aus den Verheerungen, die er regelmäßig hin-
terlässt, hat schon Karl Marx vor 150 Jahren seinen Ho-
nig gesogen.

Genau besehen ist die Geschichte des Kapitalismus eine
einzige Abfolge von Boom und Crash. Erstaunlich ist also
nicht so sehr, dass es uns jetzt gerade wieder erwischt –
erstaunlich ist eher, wie kurz das Gedächtnis derjenigen
ist, die nun die Hände über dem Kopf zusammenschlagen,
weil die Geschichte sich wiederholt. Die Maschine Kapitalismus ist bei der Wohlstandsproduktion allerdings
nach wie vor ungemein erfolgreich, deshalb wirkt jeder
Wunsch nach einer Alternative schrecklich naiv. «Bisher
hat sich dieses proteische Monster, das wir Kapitalismus
nennen, noch jedes Mal aufgerappelt», stellte Hans Mag-
nus Enzensberger schon nach den ersten Bankenpleiten im
Herbst 2008 fest. Das ist das Angenehme an ehemaligen
Marxisten wie Enzensberger: Sie kennen noch ihre Klas-
siker.

Tatsächlich liegt eine Verwechslung vor, wenn die gegenwärtige Krise ausgerechnet bei den Konservativen ab-
geladen wird. Für den Konservativen besteht kein Zweifel, dass der Mensch ein Mängelwesen ist, bei dem es
der eisernen Faust des Gesetzes bedarf, um seine niederen
Antriebe in Schach zu halten, die Gier und die Habsucht

zuallererst. Nie im Leben käme der Verfechter dieses Men-
schenbildes auf die Idee, auf die Internalisierung moralischer Schranken durch Einsicht zu setzen. Das war immer ein Privileg der Linken, die sich einen sonnigen Blick
auf die menschliche Natur bewahrt haben. Anders wäre
eine Wirtschaftsordnung ja auch nicht denkbar, in der jeder sein Bestes gibt, obwohl alle Einkommensunterschiede
eingeebnet sind.

Wenn eine Ideologie nun unwiderruflich ihren Ent-
täuschungswendepunkt erreicht hat, dann der radikale
Marktglaube, der ohne Aufsicht von oben auszukommen
meint. Der Liberale dieser Provenienz leugnet, wie der
Konservative, nicht die Bedeutung eigensüchtiger Motive,
glaubt aber daran, dass sie sich gegenseitig aufheben oder
doch, zusammengenommen, zu einem größeren Nutzen
verbinden. Dass die Leidenschaften Einzelner das ganze
System an den Rand des Zusammenbruchs führen können, ist bei ihm nicht vorgesehen.

Viel mehr als Ressentiment hat die zeitgenössische
Kapitalismuskritik nicht anzubieten, ihre Antriebskraft ist
nicht Erkenntnisinteresse, sondern Neid. Schon die Annahme, die derzeitige Vertrauenskrise sei Folge einer ent-
hemmten Finanzwirtschaft, könnte ja weiter entfernt von
der Wahrheit nicht sein. Am Beginn dieser Krise stand eine
Politik billigen Geldes, die erst dem Parkplatzwächter in
Amerika zu einem Eigenheim verhalf und dann jedem
zweiten Griechen zu einem Golf. Es ist genau dieses aus
den Regierungszentralen orchestrierte Leben auf Pump,
das die Grundlagen soliden Wirtschaftens korrumpierte
und die Kreditwirtschaft an den Rand des Abgrunds
führte. Das ist die Reihenfolge, nicht umgekehrt.

Die linke Antwort auf die Krise lautet, kurz gefasst,
mehr Staat. Das klingt zunächst beruhigend, Staat sind

wir schließlich irgendwie alle. Aber in der gegenwärtigen Lage werden die Probleme so nur in die Zukunft verschoben, bestenfalls. Oder glaubt jemand im Ernst, dass der Zins für portugiesische Anleihen sinken wird, wenn die Regierung dort noch mehr Beamte einstellt? Von elf Millionen Portugiesen sind knapp 700 000 beim Staat beschäftigt, das ist eine Erklärung, warum das Land jetzt auf deutsche Steuergelder zur Begleichung seiner Kreditschulden angewiesen ist. Weil auch jeder private Anleger vor der Ausreichung neuer Kredite auf eine Sanierung des Haushalts drängen würde, läuft nun Teil zwei des Rettungsprogramms an, die Vergemeinschaftung der Schulden. Das geht so lange gut, bis der letzte kreditwürdige Bürge ruiniert ist.

Manchmal hilft ein Blick in die Vergangenheit. Vor 30 Jahren war Großbritannien dort, wo Griechenland heute ist: eine Nation auf den Knien, geplagt von Rezession, hohen Schulden und Arbeitslosigkeit. Margaret Thatcher ist der Name der Frau, die das Land wieder auf die Beine brachte, und zwar ohne jeden finanziellen Beistand aus Deutschland. Vielleicht sollte man sich noch einmal ansehen, wie die Dame dieses Wunder vollbracht hat. Man könnte davon einiges lernen.

IN DER HABERMAS-REPUBLIK

Machen wir uns nichts vor, Europapolitik ist eine spröde Materie. Wahnsinnig wichtig, das wissen wir alle, seit wir für den halben Euro-Raum geradestehen sollen. Aber eben auch sehr unübersichtlich. Nicht einmal die intellektuelle Klasse des Landes weiß in diesem Fall so recht weiter. Soll man nun die Schulden der anderen übernehmen, um die Gemeinschaftswährung zu retten, oder den Crash riskieren? Beides erscheint gleichermaßen unattraktiv.

Wie gut, dass wenigstens in einem Punkt Einigkeit herrscht: Die Kanzlerin hat versagt. Wenn schon nicht in der Sache, bei der man sich selbst keine eindeutige Meinung zutraut, dann doch in der Kommunikation. Kaum ein Kommentar zur Europapolitik von Angela Merkel, in dem ihr nicht vorgehalten wird, dass ihr die richtigen Worte fehlten. Bis heute lasse sie die große Rede vermissen, heißt es allenthalben, einen mitreißenden Auftritt.

Wenn die meinungsführende Schicht eines verbindet, dann ist es der geradezu magische Glaube an die Kraft des gesprochenen Wortes. Nicht die Solidität politischer Entscheidungen befestigt in der Habermas-Republik das Zutrauen in die Demokratie. Das gelingt dort erst dem öffentlichen, also über die Medien geführten Diskurs. Weil auch das politische Feuilleton von der Sehnsucht nach dem charismatischen Führer nicht frei ist, ertönt in jeder Krise irgendwann der Ruf nach der «Blut, Schweiß und Tränen»-Rede, die das Volk auf wundersame Weise versammelt und alle Einwände und Misshelligkeiten in der Glut des rhetorischen Feuers verdampfen lässt.

Leider gehen oratorische Begabung und gutes Handwerk selten Hand in Hand. Willy Brandt konnte mitreißende Ansprachen halten, wofür ihn die intellektuelle Klasse nachhaltig verehrte. Seine innenpolitische Leistung allerdings war eher dürftig, weshalb der Sozialdemokrat das Regierungshandwerk bald lieber seinem vergleichsweise kurz angebundenen, aber dafür entscheidungsfreudigen Finanzminister Helmut Schmidt überließ. Auch Kurt Georg Kiesinger, der als begabtester Redner seiner Generation galt, war ein eher unrühmliches Ende beschieden, wie man sich erinnert.

Es ist eh die Frage, ob das Volk nun auf große Ansprachen wartet. Den meisten Leuten liegt vermutlich eher hieran: Die Kanzlerin möge dafür sorgen, dass über der Rettung des Euro nicht ihr zäh errungener Wohlstand verspielt wird. Dabei helfen keine Fensterreden, wie jeder weiß, sondern nur geduldiges Verhandlungsgeschick und eine gewisse Intransigenz im diplomatischen Verkehr. Man kann auch nicht behaupten, dass Angela Merkel stumm geblieben wäre. Das Protokoll des deutschen Bundestages verzeichnet mehrere lange Reden der Kanzlerin zu Europa. Nur hat selbst der aufmerksamste Journalist in der Regel Besseres zu tun, als sich Bundestagsreden anzuhören. Dieses Versäumnis ist selbstverständlich nicht ihm anzulasten. Wenn er nicht mitbekommen hat, was die Regierungschefin zum Thema zu sagen hatte, war es eben keine große Rede beziehungsweise ein weiterer Beleg, dass sie nicht richtig kommuniziert. So schließt sich der Kreis.

In der Sache selbst sind die Ratschläge an die Kanzlerin eher widersprüchlich. Letztes Jahr hatte innerhalb einer Woche erst der Bundespräsident seinen Auftritt, um ein

Machtwort gegen die Euro-Bonds zu sprechen, die der sozialdemokratisch gesinnte Flügel der Euro-Retter favorisiert. Dann meldete sich Altkanzler Helmut Kohl mit der eindringlichen Mahnung, Deutschland müsse in der Außenpolitik eine verlässliche Größe bleiben. Auch das klang überzeugend, nur leider bedeutet es in der Konsequenz das komplette Gegenteil von dem, was Christian Wulff zuvor angeraten hatte. Denn natürlich meint Kohl mit Verlässlichkeit eine Fortsetzung seiner Politik, und die hieß immer: Taschen auf, sobald es irgendwo klemmte. Solange es nur um die Ernteausfälle der französischen oder spanischen Bauern ging, war das kein Problem. Nun sind die Summen so groß, dass noch unsere Enkelkinder die Zinseszinsen zu tragen haben, wenn die Geschichte schiefgeht.

Man wird Merkel in der Euro-Krise bislang nicht viele Fehler nachweisen können. Man kann ihr vorhalten, dass

Inflation droht: Deutsche flüchten in die Sachwerte

sie die europäischen Nachbarn gegen sich aufbringt, die daran gewöhnt sind, dass die Deutschen am Ende die Rechnung begleichen. Aber was wäre die Alternative? Der sicherste Weg, die Bundesbürger von Europa zu entfremden, ist eine Politik, die auf dem Altar der europäischen Idee den Wohlstand des Landes opfert. Auch wird gerne übersehen, dass Deutschland im demokratischen Europa nur eine Stimme unter vielen hat. Die Kanzlerin ist durch Verträge gebunden, die ihre Vorgänger geschlossen haben, den Maastricht-Vertrag zuallererst. Und es war, das muss man bei dieser Gelegenheit dann doch einmal anmerken, nicht die rot-grüne Bundesregierung, die dieses Vertragswerk ausgehandelt hat, das uns nun solches Kopfzerbrechen bereitet.

Vielleicht ist es zur Abwechslung gar nicht so schlecht, dass an der Spitze des Landes eine Frau steht, die eher als Ingenieurin der Macht gilt denn als Volkstribunin. Man kann das für zu wenig halten, aber es spart uns möglicherweise enorm viel Geld.

ABSCHIED VON EINER MORALISCHEN INSTANZ

Stellen wir uns für einen Moment vor, ein in die Jahre gekommener Schriftsteller, Bewunderer Adenauers und ausdauernder Wahlhelfer der CDU, hätte im Interview mit einer israelischen Tageszeitung dem Mord an den europäischen Juden die Liquidierung deutscher Wehrmachtssoldaten an die Seite gestellt und dabei auch noch die Zahlen verwechselt. Statt von einer Million Soldaten, die in sowjetischer Kriegsgefangenschaft ums Leben kamen, wäre bei ihm unversehens von sechs Millionen ermordeten Deutschen die Rede gewesen. Man braucht nicht viel Phantasie, um sich die Reaktion der aufgeklärten Öffentlichkeit auf diese Aufrechnerei auszumalen. Der Mann wäre erledigt, jedenfalls als ernstzunehmende politische Stimme.

In diesem Fall aber hieß der Urheber der seltsamen Holocaust-Mathematik Günter Grass, und da liegen die Dinge offenkundig anders. Statt entschiedener Zurechtweisungen fand man im deutschen Feuilleton mehrheitlich verschwurbelte Entschuldigungen, in denen an die zahlreichen Verdienste des Autors erinnert wurde. Selbst der israelische Historiker, der mit Grass noch einmal über den Judenmord gesprochen hatte, nahm ihn im Nachgang in Schutz: «Ich denke, dass er im Eifer des Gefechts eine falsche Zahl genannt hat. Tatsächlich hätte ich ihn korrigieren müssen, und ich entschuldige mich dafür, das nicht getan zu haben.» Das ist großmütig, um das Mindeste zu sagen.

Man könnte die Sache damit auf sich beruhen lassen, wenn nicht ausgerechnet Grass als eine Gewissensinstanz gelten würde, auf die sich alle immer wieder berufen, die im Umgang mit politischen Kontrahenten gern zu moralischen Urteilen greifen. Tatsächlich wird Grass schon seit langem gerade wegen seiner deutlichen Einlassungen zum Zeitgeschehen geschätzt, und das in dem Maße, in dem die literarische Produktion zu wünschen übriglässt. Warum bloß, so ließe sich fragen, hält sich so hartnäckig der Glaube, Romanautoren hätten zu politischen Themen besonders viel beizutragen?

Irgendein Missverständnis hat aus Schriftstellern, die schöne Geschichten erfinden, politische Großdenker gemacht, die zu allem Möglichen Auskunft geben sollen, zum Klimawandel ebenso wie zu den Nachtseiten der Globalisierung, dem Welthunger oder dem Nahost-Konflikt. Niemand käme auf die Idee, Gewichtheber zur Griechenlandkrise zu befragen, nur weil sie auch mal in Athen trainiert haben, oder Transportunternehmer, die irgendwann ein paar Aktien erstanden haben, zur Zukunft der Finanzmärkte. Man würde zu Recht erwarten, dass die Antwort durchschnittlich naiv, im besten Falle unfreiwillig komisch ausfiele.

Was sein politisches Urteilsvermögen angeht, hat Grass in stupender Regelmäßigkeit bewiesen, dass er keines besitzt. Über die Jahre hat er den haarsträubendsten Unsinn in die Welt gesetzt, was seine Bewunderer allerdings nicht davon abhält, ihm regelmäßig ein Podium zu bieten, auf dem er dann gegen den «Turbokapitalismus» oder die Europapolitik der Kanzlerin vom Leder ziehen kann. Unvergessen, wie er im Einheitsjahr 1990 in einer Fernsehdiskussion mit Rudolf Augstein aus dem Holocaust den Zwang zur Doppelstaatlichkeit ableitete («Der Ort des

Schreckens schließt einen zukünftigen Einheitsstaat aus»),
worauf ihm Augstein nur kühl entgegenhielt: «Das ist
keine politische Betrachtungsweise, das ist Religion.» Der
Historiker Jens Hacke resümierte schon vor Jahren: «Er
dürfte der Schriftsteller sein, der die meisten deutschland-
politischen Irrtümer verkündet hat.»

Seine Fehlleistungen hinderten Grass selbstredend keine
Sekunde, von sich und seinesgleichen eine hohe, ja die
höchste Meinung zu haben. Insofern ist er ein typischer
Vertreter jener Spezies von Mensch, die sich die Fähigkeit
zur ironischen Selbstdistanz schon vor dem ersten Bauch-
ansatz abtrainiert hat. Seit Grass 1965 sein «Loblied auf
Willy» anstimmte und dann das «Wahlkontor deutscher
Schriftsteller» ins Leben rief, gehört es zum Selbstverständ-
nis deutscher Kulturschaffender, mit politischen Aufrufen
aus dem Dunkel ihrer Schreibstuben zu treten und ihr
«Engagement» unter Beweis zu stellen. Dass der Einsatz
nicht ganz so selbstlos ist, wie es die Beteiligten gerne vor-
geben, liegt auf der Hand.

In den Erinnerungen des Brandt-Beraters und Reden-
schreiber Klaus Harpprecht an seine Zeit im Kanzleramt
lässt sich nachlesen, wie eine kleine Runde nach dem
Wahlsieg der SPD 1972 die Einrichtung einer National-
stiftung erörterte. Dabei sollte auch eine Position für
Grass abfallen, der für seinen Wahleinsatz eine offizielle
Anerkennung erwartete. Willy Brandt stand der Idee deutlich skeptisch gegenüber, Grass verrenne sich «immer wieder in die Illusion, dass er die Wähler unmittelbarer reprä-
sentiere als die Partei». Und am 9. März 1973 notierte
Harpprecht: «BK (Bundeskanzler) ist auch nicht ganz sicher, ob G. G. nicht eine seiner absurden Ideen einbringen
werde, wie damals beim Mauerbau, als er vorschlug, man
solle alle Zigeuner Europas nach Berlin rufen, weil die Zi-

geuner bekanntlich jede Grenze durchlässig machten.»
Als Harpprecht den Dichter wenig später in seinem Haus
in Norddeutschland aufsuchte, konstatierte er bei Grass
eine «gewisse Bitterkeit», dass man ihn in Bonn nicht so
zu benötigen schien, wie er sich gedacht hatte, dass man
ihn benötigen würde. «Er scheint darauf gewartet zu haben (und noch darauf zu warten), dass man ihm ein kon-
kretes Arbeitsangebot macht», heißt es in einem anschlie-
ßenden Gesprächsvermerk an Brandt. «Es bedrückt ihn,
dass er den Bundeskanzler so wenig sieht. Mit Ein-Stun-
den-Terminen dann und wann will er sich nicht begnü-
gen.»

Schriftsteller sind phantasiebegabte Menschen, die zu
sich selbst in der Regel keinerlei Distanz haben. Anders
würden sie die entbehrungsreiche Anfangszeit auch nicht
durchstehen, in der ein Erfolg alles andere als ausgemacht
scheint. Das ist gut für die Kunst, aber verhängnisvoll für
die Weltbeurteilung, wie man am Beispiel von Grass leicht
erkennen kann.

DAS GRIECHENLAND-KOMPLOTT

Ein Vorteil jeder Verschwörungstheorie ist das Aha-Erlebnis, das der Moment der Erkenntnis auslöst, wenn die Teile zusammenkommen, die eben noch unverbunden nebeneinanderlagen. Man muss sich nur trauen, die Dinge einmal anders zu betrachten, als sie uns präsentiert werden, dann ergeben sie plötzlich einen überraschend klaren Sinn.

Nehmen wir die offizielle Version der Euro-Krise. Für den unbedarften Zeitgenossen ist der Niedergang Griechenlands Folge einer Politik, die auf übermäßige Schulden statt auf Wachstum setzte und für die nun, mit Verspätung, die Rechnung präsentiert wird. So erklärt es uns die Kanzlerin, so lesen wir es in der Zeitung. Aber sollen wir das wirklich glauben? Was, wenn dahinter ein Plan von ganz anderer Seite stünde? Wenn es in Wahrheit darum ginge, am Beispiel dieses kleinen, an der Peripherie des Euro-Raums gelegenen Staates einmal durchzuspielen, wie man ein Land so weit destabilisieren kann, dass es zum Übungsfeld neoliberaler Zwangsmaßnahmen wird? Muss man nicht bei genauerem Nachdenken viel eher zu der Vermutung kommen, dass die Griechen bewusst über billige Kredite in die Schuldknechtschaft geführt wurden, um sie zum Soziallabor zu machen?

Als «Schock-Therapie» firmiert diese Deutung der Griechenland-Pleite. Wer das für einen Witz hält, der bestenfalls in der Blogosphäre zirkuliert, hat lange nicht mehr das Mittagsprogramm des WDR gehört. Oder versäumt, Naomi Klein zu lesen. Die kanadische Heroine der Globalisierungskritik hat bereits vor vier Jahren das Grundkonzept der «Schock-Strategie» freigelegt, mit der die Agenten des Kapitals die neue Ordnung der Radikalökonomie zu etablieren versuchen. Alles kommt bei ihr zusammen, die Folterkeller in Chile, Milton Friedman, die CIA, das Pentagon und, natürlich, die Herren der Wall Street. Es funktioniert wie Gehirnwäsche: Der Kapitalismus braucht die Katastrophe, um die Menschen gefügig zu machen, so lernen wir bei Klein. Wo sich diese nicht von selber einstellt, helfen die Männer im Hintergrund gern ein wenig nach.

Es ist kein Zufall, dass sich das paranoide Denken vor allem in den kritischen Kreisen hält. Wer laufend gegen das Böse kämpft, gegen übermächtige Feinde und böse Machenschaften, dessen Gemützustand ist naturgemäß etwas angespannt. Der Kampf gegen drohendes Unheil, sei es der Atomtod oder die Diktatur der Finanzmärkte, gibt dem Leben Richtung und Sinn – was sich bei der Nachwuchsgewinnung durchaus bezahlt macht. Nur führt die nervöse Weltsicht eben auch dazu, dass sich die Perspektiven verschieben und der Realitätssinn leidet. Von der Rede über das «System» bis zur Annahme, das SIE im Hintergrund die Fäden ziehen, ist es nur ein kleiner Schritt.

Kennzeichen der Verschwörungstheoretiker ist die Fähigkeit, auch das passend zu machen, was sich auf den ersten Blick nicht ins Bild fügen will. Aber man darf sich nicht täuschen lassen. Wer hätte zum Beispiel gedacht, dass ausgerechnet der Bundeskanzlerin jetzt die Aufgabe zufällt, die neoliberale Zwangsherrschaft in Europa durchzusetzen? Hätte man ihr gar nicht zugetraut, so viel sinistre Energie. Aber das ist ja gerade der Trick: Je harmloser jemand wirkt, desto mehr muss man sich vor ihm in Acht nehmen. Wie war das noch mit der Geburtstagsfeier, die Angela Merkel für den Deutsche-Bank-Chef im Kanzleramt ausgerichtet hat? Schon vergessen? Bis vor Gericht kämpften ihre Handlanger gegen die Herausgabe der Teilnehmerliste.

Das paranoide Denken ist kein Privileg der Linken, sicher. Auch am rechten Rand gibt es jede Menge Leute, die den merkwürdigsten Phantasmen nachhängen, angefangen damit, dass Obama gar kein Amerikaner sei. Aber solche Zwangsvorstellungen verlassen selten den Kreis der Gläubigen. Kein Presseorgan, das etwas auf sich hält, käme auf die Idee, ihnen größeren Platz einzuräumen. Wie gesellschaftsfähig dagegen die linke Verschwörungstheorie selbst unter aufgeklärten Menschen ist, für die Elvis

Aus der RTL-Doku „Die Überlebenden von 9/11"

nicht noch irgendwo unerkannt ein Rentnerdasein fristet, zeigen die Mutmaßungen rund um den 11. September. Wer behauptet, dass Osama Bin Laden eine Erfindung der CIA ist, schafft es damit spielend ins Kulturprogramm der ARD, wo dann das Für und Wider dieser Theorie erörtert wird.

In der «Süddeutschen Zeitung» war eine ausführliche Besprechung eines Buches zu lesen, das so ziemlich alles in Frage stellt, was als gesicherte Erkenntnis zu den Anschlägen gilt – von der Identität der Attentäter bis zur Flugnummer der Maschinen, die am 11. September in New York, Washington und Shanksville in Flammen aufgingen (die Flugzeuge wurden in der Luft ausgetauscht!). Man sollte annehmen, dass solcher Hokuspokus dahin verwiesen wird, wo er hingehört, nämlich ins Reich der Mythen. Stattdessen empfahl die «SZ» das Werk als «hochinteressantes Buch», das «nachdenklich stimmt, auch wenn man den Vermutungen nicht folgen mag». Zu den Vermutungen, die in München als so interessant erschienen, dass man ihnen eine halbe Seite im Feuilleton einräumte, gehörte die Annahme, dass die US-Regierung die Anschläge selber in Auftrag gegeben hat. Warum sie das getan haben soll? «Um die Bürger des eigenes Landes schockiert und verängstigt in den Krieg zu schicken», wie die Autoren des Verschwörungsbüchleins «11.9. – Zehn Jahre danach» messerscharf schlussfolgern. Fehlt in der Aufzählung der Hintermänner eigentlich nur noch der Mossad, aber den hat man sich mit Rücksicht auf die deutschen Leser wohl gespart.

Sobald der Satan Amerika in der Nähe auftaucht, scheint alles möglich. Große Ereignisse verlangen nach großen Verursachern – was liegt da näher als ein Verweis auf die Wirtschafts- und Militärmacht, die noch immer als die bedeutendste der Welt gilt, trotz Finanzkrise und Dollarschwäche? Wahrscheinlich werden wir als Nächstes irgendwo lesen, dass SIE die Kritiker des neoliberalen Weltumbaus mit geschickt gestreuten Verdächtigungen zu Fall bringen.

Aber halt, das hatten wir ja schon. Der Mann hieß Dominique Strauss-Kahn und war, wie wir wissen, das Opfer einer Intrige aus dem Élysée-Palast, um ihn als Kandidaten der Sozialisten aus dem Rennen zu schubsen. Wurde in der Zeit nicht auch noch die Frau des französischen Präsidenten schwanger? Wie praktisch. Na, wer da noch an Zufälle glaubt, dem ist wirklich nicht zu helfen.

UNSERE PARTEI DER ÖKO-HAUSMEISTER

Es gibt viele Möglichkeiten, sich eine Wahlniederlage zu erklären. Das Wetter war schuld. Der Bundestrend stand gegen einen. Der Gegner hat sich unlauterer Methoden bedient. Das sind die gängigen Ausflüchte, wenn man nicht über Programm oder Spitzenkandidaten reden will. Welche Erklärung hatten die Grünen, dass sie bei den Wahlen zum Berliner Abgeordnetenhaus meilenweit ihr Ziel verfehlten, den Regierenden Bürgermeister Klaus Wowereit abzulösen? Ganz einfach: Ihr Wahlkampf war zu anspruchsvoll für die Hauptstadt. Das ist wenigstens mal eine originelle Deutung des Wahlausgangs, muss man sagen. Wählerbeschimpfung gehört schon seit längerem nicht mehr zum Repertoire des Wahlverlierers.

Allenthalben hieß es, die Grünen hätten sich nicht durchgesetzt, weil sie auf Ideen und Konzepte setzten, während die SPD sich damit begnügte, gute Laune zu verbreiten, und ansonsten jede Auseinandersetzung über Sachfragen vermied. Inhalte statt Gefühl – auf diese Formel brachten viele Beobachter den Wahlkampf der Öko-partei schon, als sich in den Umfragen andeutete, dass es mit der Machtübernahme in der Hauptstadt nichts werden würde. So gesehen haben die Grünen die Quittung erhalten, muss man folgern: Den Berlinern reicht es eben, dass die SPD die besseren Plakate hatte. Das ist natürlich ein bedenkliches Zeichen, wie besorgte Stimmen aus der linksalternativen Mitte sogleich anmerkten. Wenn die

Wähler Plakate statt Programme vergleichen, steht es nicht gut um die Demokratie, ist ja klar.

Mag sein, dass die Berliner zu einfältig sind, um zu erkennen, welche Chance sie mit ihrer Entscheidung gegen Renate Künast als Bürgermeisterin vertan haben. Eine andere, sehr viel nahliegendere Erklärung des Wahlausgangs wäre, dass sie genau wussten, was sie taten. Man braucht nicht das 240 Seiten umfassende Programm der Grünen gelesen zu haben, um eine ziemlich präzise Idee von deren Gedankenwelt zu haben. Man muss eigentlich nur einen Auftritt der grünen Spitzenkandidatin verfolgt haben. Selbst Menschen, die nicht besonders viel mit Wowereit am Hut hatten, schreckten am Ende bei der Vorstellung zurück, nun jeden Morgen mit der Frage geweckt zu werden, wie es denn gestern Abend bei ihnen um die Mülltrennung stand.

Die Grünen verbinden mit ihren Erziehungsappellen gern den Anspruch, besonders fortschrittlich zu denken. Dabei ist inzwischen das Gegenteil richtig: Nicht die Bejahung von Veränderung ist ihr Ziel, sondern der weitreichende Schutz davor. Wenn sie von Stadt reden, meinen sie den Kiez und seine Bewahrung – vor dem Ausbau der Stadtautobahn, vor zu vielen Touristen, vor der «Luxussanierung» und natürlich vor allen Großprojekten, wozu schon ein neues Museum oder ein Riesenrad am Bahnhof Zoo gehören. Früher rief man den Hausmeister zur Hilfe, wenn man Ruhe und Ordnung beeinträchtigt sah. Heute wählt man die Grünen, die dann gegen die Störung des Hausfriedens vorgehen.

Diese biotopische Milieuschutzpolitik findet durchaus ihre Anhänger, auch in einer Stadt wie Berlin, in der es, anders als im beschaulichen Süden der Republik, immer schon etwas lauter und ruppiger zuging. Aber es reicht eben nur für 17 Prozent und nicht für eine Mehrheit, die einem den Posten des Bürgermeisters anträgt. So veränderungsunwillig ist der Berliner dann doch nicht, wie sich zeigt. Da ist er aus härterem Holz geschnitzt als sein Pendant in Stuttgart. Dort hält man ja auch die Kehrwoche in hohen Ehren, möglicherweise einer der Gründe, warum den Grünen in Baden-Württemberg gelang, was ihnen in Berlin verwehrt bleibt.

Eigenartigerweise leben die Grünen bis heute ziemlich komfortabel von ihrem Image als Außenseiter des Systems. Dass ein Großteil der grünen Führungsriege über das Leben in der Politik nahe ans Rentenalter gerückt ist, fällt in der öffentlichen Wahrnehmung kaum ins Gewicht. Auch über die Tatsache, dass viele Anhänger aus einem Milieu stammen, das man beim besten Willen nicht mehr als frech und unangepasst bezeichnen kann, wird großzügig hinweggesehen. 40 Prozent der höheren Beamten wählen inzwischen die Ökopartei, wie eine Forsa-Umfrage ergeben hat, in Berlin sind es sogar 60 Prozent. Auch das mag das enorme Ruhebedürfnis erklären, das in den grünen Programmen überall durchschlägt.

Problematisch wird es, wenn ein Konkurrent auftaucht, der noch rebellischer wirkt als man selbst. Gegen die Piraten («Ihr habt die Antworten, wir haben die Fragen») haben es auch die Grünen schwer, jedenfalls bei der Klientel, die sich trotz oder wegen ihres Alters gern spätpubertär gibt. Die Piraten sind die ideale Partei für alle Jungwähler und solche, die sich dafür halten: freier Zugang zu Drogen (was «Hilfe statt Kriminalisierung» bedeutet, kann jeder Hauptschüler übersetzen); freies Kopieren von allem, was einem im Netz gefällt. Gegen dieses Angebot kommt auch die Angst vor dem Atomtod nicht an.

Eine Forderung der Grünen war immer, das Wahlalter auf 16 Jahre zu senken. Nach dem Erfolg der Piratenpartei in Berlin werden sie sich überlegen, ob das wirklich eine so gute Idee ist.

WAS DIE EURO-KRISE MIT RELIGION ZU TUN HAT

Die Protestanten sind enttäuscht vom Papstbesuch, hieß es in den Zeitungen. Sie hätten sich mehr erwartet. Ein vorsichtiges Zeichen der Annäherung, irgendein Eingeständnis des katholischen Oberhaupts, dass Martin Luther mit seinen Reformanstrengungen nicht ganz falschlag. Kann man verstehen. Die evangelische Kirche hat schließlich auf dem Weg in die Moderne im Gegensatz zum Vatikan alles richtig gemacht, wenn man der populären Kirchenkritik trauen darf.

Sie hat sich die Gleichberechtigung der Geschlechter auf die Fahnen geschrieben und die Abstinenz von jeder Sexualmoral. Niemand an ihrer Spitze käme auf die Idee, den Menschen zur Enthaltsamkeit zu raten, bevor sie sich binden. Überhaupt hat sich die evangelische Kirche entschieden, alles zu entrümpeln, was nicht mehr so recht in die Zeit passt. Jungfräuliche Empfängnis, Gemeinschaft der Heiligen, ewige Verdammnis? Wenn schon von so etwas die Rede sein muss, weil es der Predigttext verlangt, dann allenfalls im übertragenen Sinn. Wahrscheinlich gilt auch die leibliche Auferstehung, bei der Seele und Fleisch am Tag des Jüngsten Gerichts wieder zusammenfinden, bald als eine Art Gleichnis, das nicht allzu wörtlich zu nehmen ist. Oder ist auch dieser Glaubenssatz bereits gefallen? Man verliert bei so viel Reformation ja schnell den Überblick, was noch als Dogma gilt.

Dummerweise korrespondiert mit dem öffentlichen Beifall für die Dauererneuerung kein durchschlagender Erfolg bei der eigenen Anhängerschaft. Seit dem Einheitsjahr hat die EKD, die immer als besonders fortschrittlich galt, fast fünf Millionen Mitglieder verloren – zwei Millionen mehr als die katholische Konkurrenz. Auch was den religiösen Einsatz angeht, lassen die Protestanten zu wünschen übrig. Von den 24 Millionen evangelischen Gläubigen macht sich nur noch eine Millionen am Sonntag zum Kirchgang auf. Kein Wunder, dass der Papst etwas zögerlich ist, dem Beispiel der abgefallenen Glaubensbrüder zu folgen. Wie sich zeigt, bedingen Glaubenspraxis und die entschiedene Annäherung an den Zeitgeist einander nicht wirklich. Wer spirituelle Anleitung sucht, nimmt offenkundig auch eklatante Verstöße gegen die Erfordernisse der Moderne in Kauf, von der Missachtung naturwissenschaftlicher Erkenntnisse ganz zu schweigen.

Die große Errungenschaft der protestantischen Reformbewegung ist nicht die Erweiterung des religiösen Horizonts, ihr eigentliches Erbe liegt in der Ausbildung einer Arbeitsethik, von der man im Norden Europas bis heute profitiert. Dass zwischen Protestantismus und Kapitalismus ein enges Verhältnis besteht, lässt sich schon bei Max Weber nachlesen. Tatsächlich geht mit der aufgeklärten Rationalität des evangelischen Denkens eine Geschäftsklugheit einher, die wesentlich zur Wohlstandsproduktion in Europa beigetragen hat. Verschwendung galt dem Protestanten schon immer als sündig, da ist er ganz streng, allen Verweltlichungsprogrammen zum Trotz.

Die Euro-Krise liefert ein schönes Beispiel, dass die Religionssoziologie bis heute von Nutzen sein kann. Es ist ja möglicherweise kein Zufall, dass die Auseinandersetzung über den richtigen Weg aus der Krise entlang der Konfessionslinie verläuft. Während der protestantische Norden auf eine Politik der Entschuldung drängt, sucht man im katholisch geprägten Süden das Heil in der Ankurbelung der Notenpresse. Mit der innerweltlichen Askese, die bis heute in jedem evangelischen Kirchenraum an der Wand ablesbar ist, haben Katholiken nie viel anfangen können.

Überall ist nun davon die Rede, dass Europa eine gemeinsame Wirtschaftspolitik brauche, das Fehlen derselben gilt als Ursünde des Euro. Das klingt einleuchtend, doch wie sollte eine solche Politik aussehen? Die Ökumene der Währung haben wir bereits hinter uns, mit den entsprechenden Folgen. Was eine Ökumene in der Finanzpolitik bedeuten würde, mag man sich gar nicht ausmalen. Es spricht wenig für die Annahme, das jetzt ausgerechnet über das Geld die religiös geprägten Mentalitäten zusammenfinden.

Sicher, es gibt immer Ausnahmen. Kluge Leute mögen einwenden, dass es auch das katholische Bayern geschafft hat, zum Rest des protestantischen Nordens aufzuschließen. Das ist wahr, aber die Bayern hatten dafür auch ausreichend Zeit. Außerdem gab es an ihrer Spitze einen Edmund Stoiber, der seinen Maßkrug bekanntlich mit Kräutertee füllen ließ, um rechtzeitig wieder am Arbeitsplatz zu sein. Leider ist derzeit weit und breit kein Stoiber in Sicht, der den Süden reformieren könnte. Mit diesem Schisma werden wir also noch eine ganze Zeit leben müssen.

HELMUT KOHLS DOPPELTES ERBE

Unter Historikern war immer schon eine beliebte Frage, wer als der größte deutsche Kanzler der Nachkriegszeit zu gelten hat. Die meisten geben Konrad Adenauer den Vorzug, weil er das Land nach dem Fall in den Nationalsozialismus zurück in die Völkergemeinschaft führte. Einige nennen Willy Brandt, der in den Deutschen die Leidenschaft für die Demokratie weckte. Der Dritte, der für diesen Ehrentitel in Frage kommt, ist Helmut Kohl, auch wenn das bis heute in manchen Vierteln der Republik nicht gern gehört wird. Die Deutschen haben ihm enorm viel zu verdanken, allem voran die Wiedervereinigung, die viele schon aufgegeben hatten, als sie plötzlich in greifbare Nähe rückte. Man kann sogar zu der Überzeugung gelangen, dass es ohne Kohl mit der Einheit nichts geworden wäre, jedenfalls nicht so schnell und nicht in dieser für die Bundesrepublik so vorteilhaften Form.

Doch der schwarze Riese hat den Deutschen nicht nur die Einheit gebracht. Seine andere große Hinterlassenschaft ist der Euro, und wenn die Dinge sich in diesem Fall so weiterentwickeln wie bisher, dann ist dies zweite Erbe geeignet, das erste erheblich zu verdüstern. Bislang hat niemand die Frage nach der Verantwortung des Altkanzlers gestellt, dabei ist sie unausweichlich: Wie, um Gottes Willen, konnte er Deutschland in einem Vertrag binden, der Zukunft und Wohlstand unseres Landes bedroht?

Zur historischen Wahrheit gehört, dass es ohne den

Euro die Wiedervereinigung so nicht gegeben hätte. Beide Projekte gehören untrennbar zusammen. François Mitterrand, der hinter den Kulissen nach Kräften gegen die Einheit intrigierte, machte seine Zustimmung von der Einwilligung der Bundesregierung zur Währungsunion abhängig. Den Deutschen die D-Mark und damit die monetäre Herrschaft über Europa entwunden zu haben, galt den Franzosen als vertretbarer Preis, sich mit einem größeren und erstmals wirklich souveränen Deutschland abzufinden.

Die Frage ist also nicht, ob Kohl die Währungsunion hätte verhindern können (das konnte er nicht). Die Frage ist, weshalb sie so viele Länder umfasst, die nicht in diesen Club hineingehören, und warum der Vertrag so schludrig ausgehandelt ist, dass er auch im Nachhinein keine Korrektur der Teilnehmerliste erlaubt. Wir hätten heute einige Probleme weniger, wenn sich die Gründerväter beizeiten darüber Gedanken gemacht hätten, wie man mit einem Mitglied verfährt, das sich partout nicht an die Vereinsregeln halten will. So etwas macht man bei der Satzung jedes Golfclubs.

Was antworten Kohl und sein treuer Weggefährte Theo Waigel auf die Frage, wie ihnen ein solch epochaler Fehler unterlaufen konnte? Alle Probleme hätten mit Rot-Grün begonnen, sagen sie; hätten sie noch das Sagen gehabt, wären die Griechen niemals zum Euro gekommen. Aber das ist, mit Verlaub, Unsinn. Niemand wird ernsthaft annehmen können, dass ausgerechnet der überzeugte Europäer Kohl Griechenland die Tür gewiesen hätte, wenn diese Entscheidung schon zu seiner Zeit angestanden hätte. Er hatte auch kein Problem mit Portugal, dessen Wirtschaftsdaten nicht viel beeindruckender waren; und natürlich war auch Italien gleich mit von der Partie, obwohl überall zu lesen war, wie sich das Land auf die Schnelle gesundgerechnet hatte.

Kohl war immer ein Vertreter der pathetischen Politik, die von den Erfordernissen des Realen absieht, wenn es um höhere Ziele geht. Diese Politik operiert mit Kategorien, gegen die sich wirtschaftliche Erwägungen klein ausnehmen, alles gerät ihr schnell zur Frage von Krieg und Frieden. Das kann, wie im Fall der deutschen Einheit, glückhaft enden – aber eben leider auch in ein furchtbares Debakel münden. Einer der hellsichtigsten Kritiker des Euro-Projekts, der SPIEGEL-Herausgeber Rudolf Augstein, wies gleich zu Beginn darauf hin, dass es ein heikles Unterfangen ist, die Mentalität von Menschen ändern zu

Erfolgreicher EU-Gipfel

wollen. «Die Psychologie von Nationen kann nicht außer Acht bleiben, da hilft kein Befehl», schrieb er. Augstein waren alle romantischen Anwandlungen in der Außenpolitik suspekt, dazu hatte er seinen Bismarck zu genau studiert. Er wusste also, was kommen würde.

Wie jetzt weiter? Eine Möglichkeit ist die Ausdehnung des Solidarbegriffs. Die Deutschen haben ja Übung mit Finanzausgleichen, sie praktizieren diese seit Jahren im eigenen Land. In Zukunft würde der brave Mann in Stuttgart dann eben nicht nur eine Stunde am Tag für die Brüder und Schwestern an der Saar und in Bremen arbeiten, sondern zusätzlich noch zwei für die weiter entfernten Verwandten in Spanien und Portugal. Es spricht allerdings einiges für die Annahme, dass der Nationalstaat die größte gesellschaftliche Einheit ist, in der eine solche Form der staatlich administrierten Solidarität funktioniert. Man wird dann sehen, ob sie sich auch über Sprachräume und Kulturgrenzen hinweg befehlen lässt.

Wer eine solche Transferunion nicht will, muss über eine Verkleinerung der Euro-Zone nachdenken. Es ist nicht leicht zu erkennen, wie das gehen soll, ein solcher Ausweg ist von den Gründern nie bedacht worden. Aber wer den Maastricht-Vertrag in die eine Richtung bricht, kann das auch in die andere tun. Diese Tür ist jetzt offen. Kein Land haftet für die Schulden eines anderen, heißt es in dem Vertragstext. Diese Festlegung ist spätestens seit der Entscheidung des Bundestages zur Ausweitung des Rettungsschirms Makulatur.

SPEKULIEREN MIT SOROS

Warum sind so viele wohlhabende Menschen links? Die kürzeste Antwort lautet: Weil sie es sich leisten können. Wer sich für linke Politik begeistert, muss ein entspanntes Verhältnis zum Geld haben, denn es wird in jedem Fall teuer, wie die Erfahrung lehrt. Tatsächlich sind es vor allem zwei Gruppen, die keinen Grund haben, sich vor linken Sozialisierungsplänen zu fürchten: diejenigen, die immer schon vom Geld anderer Leute lebten und damit gut gefahren sind – und die Glücklichen, die ihr Vermögen schon gemacht haben (und in Sicherheit wissen).

Ein besonders schönes Beispiel für diese Art des Luxuslinken ist der Milliardär George Soros, der mit Währungsspekulationen zu beeindruckendem Reichtum gelangt ist und nun mit großer Regelmäßigkeit über die Ungerechtigkeit des Kapitalismus sinniert. Nahezu jede Protestgruppe aus der bunten Welt der Globalisierungskritik findet in ihm einen erklärten Sympathisanten. Derzeit sind es die Vertreter der «Occupy Wall Street»-Bewegung, die er öffentlich ins Herz geschlossen hat. «Ehrlich gesagt kann ich ihre Gefühle verstehen», verkündete er – was ihn selbstredend nicht davon abhält, aus sicherer Entfernung zum Epizentrum des Aufstands weiter seinen Geschäften nachzugehen.

Dass Soros sich mit Geldvermehrung auskennt, steht außer Frage. Dafür spricht schon die Tatsache, dass er seinen berühmten Quantum Fonds der amerikanischen Finanzaufsicht entzog und in Offshore-Paradiesen wie den Niederländischen Antillen ansiedelte. Aber auch der Spekulant strebt nach Höherem. Weil Soros das Profitstreben irgendwann zu gewöhnlich erschien, entschloss er sich, Bücher zu schreiben. Sie enthalten zwar keinen neuen Gedanken, bringen diesen aber so kritisch unters Volk, dass er seitdem ein gern gesehener Gast ist, wenn man sich seine Vorbehalte gegen die Marktwirtschaft von einem Nutznießer derselben bestätigen lassen möchte.

Besonders gern gesehen ist der Anlageexperte in Deutschland, wo man ihn nicht nur für einen Kenner der Finanzmärkte, sondern auch für einen bedeutenden Intellektuellen hält. Dass Soros in seinem Heimatland USA beileibe nicht den Ruf genießt, den er bei uns hat, kümmert hier keinen. Man kennt das Phänomen aus der Musikbranche: Auch David Hasselhoff hat es in den Staaten nie zu einer vergleichbaren Popularität gebracht wie in Deutschland; deshalb tourt er, solange es seine Leber erlaubt, ja so fleißig durch die hiesige Fangemeinde.

Vermutlich ist diese Anhänglichkeit der deutschen Öffentlichkeit auch der Grund, warum sich Soros immer wieder ausführlich zur deutschen Politik äußert. Jeder Künstler weiß schließlich, was er seinem Publikum schuldig ist. Von der Bundeskanzlerin hält er nicht viel, wie man bei dieser Gelegenheit dann erfährt. Er findet, dass sie in der Euro-Krise viel zu sehr aufs Geld achtet und sich insgesamt zu zögerlich zeigt, den krisengeschüttelten Nachbarn unter die Arme zu greifen. Überhaupt scheint Soros zum Ersparten anderer Leute ein eher ungezwungenes Verhältnis zu haben, aber das ist in seiner Branche nicht unüblich. 2010 kam er extra nach Berlin, um den Deutschen den Sparkurs auszureden. Die Unternehmen müssten endlich die Löhne erhöhen, damit die Menschen mehr Geld zum Ausgeben haben, erklärte er bei dieser Gelegenheit, und der Staat solle mit Schulden weiter die Wirtschaft ankurbeln. Es war ziemlich exakt die Art von Forderungen, die auch auf jedem Gewerkschaftskongress für Beifall sorgen. Dass Soros die Bundesregierung inzwischen ermahnt, die Schulden der Länder zu übernehmen, die genau diese Politik in die Krise geführt hat, ist da nur folgerichtig.

Man weiß nicht, worüber man mehr staunen soll: dass Fonds-Manager wie ver.di-Vertreter reden – oder über den andächtigen Ernst, mit dem das Publikum an den Lippen eines Wall-Street-Milliardärs hängt. Was Soros sich bei seinen Empfehlungen denkt, ist nicht so schwer zu erraten. Auch der Spekulant braucht das Geld des Staats, derzeit mehr denn je, das verbindet ihn mit dem Hartz-IV-Empfänger. Eher rätselhaft bleibt, warum ein Mann als Kronzeuge wider den Kapitalismus verehrt wird, der seinen Anlegern eine Rendite verspricht, von denen jeder normale Kleinsparer nicht einmal zu träumen wagt. Nur wenige Tage nachdem Soros sein Herz für die Wall-Street-Protestler entdeckt hatte, bestätigte der Europäische Gerichtshof für Menschenrechte übrigens ein französisches Urteil wegen Insiderhandels, gegen das Soros seit Jahren ankämpft. Das war den meisten Zeitungen, die sonst so große Stücke auf den Großinvestor aus New York halten, allerdings nur eine kleine Meldung in ihren Wirtschaftsteilen wert.

Das eigentlich Ärgerliche ist, dass die Linke Leute wie Soros so billig davonkommen lässt. Auch bei uns gibt es ja den Vertreter dieser Spezies des Linksmillionärs, dessen Namen man unter jeder Unterschriftenliste findet, wenn es um die gute Sache geht. Schade, dass niemand ernst macht und diesen Leuten wirklich die Hälfte ihres Vermögens abnimmt. Aber dann würde die Zahl derjenigen, die für sich selber höhere Steuern fordern, mutmaßlich dramatisch zurückgehen. Das wäre für das Politische-Unterschriften-Gewerbe ein Verlust, den man dort lieber nicht riskieren will.

ANTI-BURNOUT-TERRORISMUS

Es hilft nichts, man muss es einmal sagen: Auch der Links-
extremismus war in Deutschland schon in besserer Verfassung. Was ist das für ein Kinderkram, Plastikflaschen mit
Benzin zu füllen und diese dann im Berliner Hauptbahn-
hof neben das Gleis zu stellen, anstatt sie wie jeder vernünftige Mensch zum nächsten Supermarkt zu tragen?
Gut, bei Leuten mit empfindlich eingestelltem Moralpegel
macht auch das Eindruck, wie man lesen konnte. Während man sich rechts der Mitte schon vor einer neuen RAF
fürchtete, sah man auf der Linken in den Flaschen die
Vorboten eines neuen revolutionären Bewusstseins. Eine
«stilistisch gelungene Abhandlung» über das Leiden am
Kapitalismus erkannte die «taz» pflichtschuldig in dem
zugehörigen Bekennerschreiben. Jakob Augstein zog in
seiner Kolumne die Linie von den Brandsätzen, die nicht
richtig brennen wollten, zum «kommenden Aufstand»,
diesem Manifest des angekündigten Widerstands, das immer herhalten muss, wenn in einer europäischen Groß-
stadt ein paar Jugendliche über die Stränge schlagen.

Zunächst einmal scheinen die Berliner Pyromanen ihre
Nase jedenfalls viel zu tief in die gängige Miriam-Meckel-
Betroffenheitsliteratur gesteckt zu haben. Wenn man ihren
im Netz abgelegten Selbstbezichtigungstext richtig versteht, wollten sie mit ihrer Aktion ein Zeichen gegen
«Leistungsdruck und Arbeitszwang» setzen, unter dem
jeden Tag in Deutschland Menschen «zerbrechen». «Wir

haben diese Metropole in einem bescheidenen Umfang in den Pausenmodus umgeschaltet», heißt es in dem Brandschreiben. «Die Stadt hält den Atem an, verlangsamt ihr Tempo, vielleicht hält sie inne. Entschleunigung.» Das hätte Frau Meckel auch nicht schöner sagen können, womit die Autoren als erste Anti-Burnout-Terroristen in die Geschichte eingehen werden. Irgendwie ging es dann auch noch um die Soldaten in Afghanistan, den Hunger in Somalia und natürlich die Finanzkrise. Die darf ja im Augenblick nicht fehlen, wenn man sich kritisch äußert.

Was immer man von der RAF halten will: So einen Quark hat sie ihren Anhängern erspart. Aber auch Autonome sind Kinder ihrer Zeit. Inzwischen ermittelt ja schon der Staatsanwalt wegen fahrlässiger Körperverletzung, wenn im Sommer die Klimaanlage im Zug ausfällt. Kein Wunder also, dass heute im linksradikalen Lager eine reguläre 38-Stunden-Woche Grund genug ist, sich wieder mit dem Bau von Zeitzündern zu beschäftigen.

Große Hoffnung setzen jetzt alle, die den Aufstand herbeisehnen, auf den Anti-Banken-Protest – das soll der gerechten Sache endlich Auftrieb geben. Der Start war hierzulande nicht ganz so vielversprechend, wie sich die Organisatoren das gewünscht hatten. 5000 in Frankfurt, ein paar mehr oder weniger in Berlin beim Marsch auf das Kanzleramt. Aber dafür kann sich die Liste der Sympathisanten sehen lassen. Wie es scheint, hat sich auch in der Politik eine große Empörungskoalition gegen die Finanzwelt zusammengefunden, die von der bekannten Globalisierungskritikerin Gerda Hasselfeldt bis zum Grünen-Anführer Cem Özdemir reicht.

Ein Problem des linken Protests ist sein eklatanter Mangel an Originalität. Schon die Annahme, dass der Steuerzahler nun ein weiteres Mal für das verantwortungslose Treiben an den Finanzmärkten geradesteht, hält einer näheren Betrachtung kaum stand. An der aktuellen Krise sind nicht die Banken schuld – es sei denn, man will ihnen zum Vorwurf machen, dass sie sich über Jahre auf die Zusicherung der Politik verlassen haben, dass die von ihr in Umlauf gebrachten Staatsanleihen sicher sind. Nun ist zur großen Überraschung aller europäischen Institutionen doch der Schadensfall eingetreten, und weil es keine Aussicht gibt, dass die Verantwortlichen die von ihnen verschuldeten Probleme ohne Schuldenerlass in den Griff bekommen, sollen die Banken jetzt auf einen Teil ihrer rechtmäßig verbrieften Titel verzichten. Tatsächlich muss der Steuerzahler also deshalb Rettungsschirme über die Gläubiger spannen, weil seine Regierungen diesen gerade außerordentliche Ausfälle zumuten, aber so erklärt es ihm selbstverständlich niemand.

Wer steckt hinter den angezündeten Autos in Berlin?

Man wäre fraglos mehr beeindruckt, wenn den Vorhaltungen zur Finanzindustrie eine Analyse vorausgehen würde, die einen Gedanken enthielte, der nicht schon bei jedem Anti-Globalisierungsgipfel rauf- und runtergebetet wurde. Aber alles, was sich in den Erklärungen zur aktuellen Krise findet, sind Grundsatzreden gegen den «Raubtierkapitalismus», also ziemlich genau das, was sich in zwei, drei Tagen ohne tiefere Kenntnis der Materie zusammenschreiben lässt. Das letzte Mal, dass die Linke in der Lage war, mit den Akteuren auf Augenhöhe zu debattieren, war beim Kampf gegen die Atomkraft; von der Mühe, die sich die Kritiker damals gemacht haben, zehrt die grüne Bewegung noch heute. Gegenüber der Finanzwirtschaft aber gründen die meisten Vorbehalte auf Ressentiment, nicht auf Überlegung. Das macht sie nicht notwendigerweise falsch, aber untauglich für die Arbeit an einer neuen Weltfinanzordnung, wie sie jetzt allenthalben angemahnt wird.

Immerhin, ein Fortschritt ist von der revolutionären Front zu vermelden: Die Zeichensetzung hat sich stark verbessert. Die Vorreiter des bewaffneten Kampfes standen bekanntlich nicht nur mit dem System, sondern auch mit dessen Rechtschreibung auf Kriegsfuß. Das ist jetzt dank der Prüfprogramme, die jede Textverarbeitung automatisch anbietet, anders. Diesen Erfolg des Systems müssten eigentlich auch die Carpe-diem-Autonomen anerkennen.

RUSHHOUR DES LEBENS

Wie haben die Leute früher bloß ihre Kinder großgezogen? Ganz ohne Elterngeld, Betreuungsprämie und öffentliches Kita-Programm? Die Frage drängt sich auf angesichts des rastlosen Bemühens des Sozialstaats, das Los der Eltern zu verbessern und dem Land dadurch zu mehr Kindern zu verhelfen. Noch nie wurde so viel in die Familienpolitik investiert wie heute, doch es hat nicht den Anschein, als ob es den Müttern und Vätern in Deutschland deshalb besserginge oder sie glücklicher wären. Der letzte Bericht zur Lage der deutschen Familien kam wieder einmal zu einem erschütternden Befund. Viele fühlen sich von der Erziehungsarbeit überfordert, wie die Autoren herausgefunden haben: Mehr als 40 Prozent der Eltern mit minderjährigen Kindern leiden «oft oder immer» unter Zeitdruck, jede zweite Alleinerziehende befindet sich im permanenten Stresszustand.

Das sind für jeden Familienpolitiker natürlich alarmierende Zahlen, und deshalb hat Ministerin Schröder die «Zeitpolitik» als neues Betätigungsfeld ausgerufen. Der Staat müsse entsprechende «Handlungskonzepte» entwickeln, erklärte sie; der vorgelegte Bericht markiere den «Einstieg» in die neue Politik. Noch ist nicht ganz klar, was darunter zu verstehen ist, aber man darf sicher sein, dass sich die Koalition schon etwas einfallen lassen wird, um den Begriff mit Leben zu füllen. Wenn es um die Familienförderung geht, ist der Regierung Merkel kein Pro-

gramm zu groß oder zu teuer, wie die Einführung des Elterngelds zeigte, eine der kostspieligsten Sozialreformen
seit Verabschiedung der Pflegeversicherung.

Es ist eigenartig: Die Zahl der Kinder in deutschen Familien sinkt beständig und damit auch der Betreuungsauf-
wand. Selbst ein Hartz-IV-Haushalt verfügt heute über
eine Phalanx technischer Geräte zur Erledigung der Haus-
arbeit, von der man eine Generation zuvor nur träumen
konnte. Die im Erwerbsleben verbrachte Zeit ist auf
einem historischen Tiefpunkt angekommen. Trotzdem
steigt ständig das Gefühl der Überforderung, jedenfalls in
den Berichten, die zur Begründung neuer sozialstaatlicher
Interventionen herangezogen werden. Die begleitende Soziologie redet von der «Rushhour» des Lebens, in der alles zusammenkommt: Karriere, Kinder, Partnerwahl. Mal
abgesehen davon, dass diese Rushhour ziemlich lang dau-
ert, nämlich ungefähr 15 Jahre, stellt sich die Frage, ob es
wirklich Aufgabe des Staats sein sollte, hier über seine So-
zialagenturen Abhilfe zu schaffen.

Mit dem Kampf gegen den Alltagsstress ist die Familienpolitik endgültig auf der Ebene der Lifestyle-Beratung
angekommen. Wer nach einer Erklärung sucht, warum
sich der Sozialstaat nur noch über immense Schulden finanzieren lässt, findet sie auch in dieser Art von Wellness-
Programmen. Das Vernünftigste wäre sicherlich, der Staat
würde seine Familienpolitik auf Steuerrabatte beschränken und sich ansonsten aus dem Zusammenleben seiner
Bürger heraushalten. Möglicherweise ist ja nicht zu wenig, sondern zu viel Freizeit das Problem vieler Leute. Das
Phänomen ist in der Psychologie als Entlastungsdepres-
sion bekannt. Aber das hieße, den Menschen zu sagen,
dass schon viel gewonnen wäre, wenn sie sich ein wenig
zusammenreißen würden, statt sich gegenseitig ihr Leid zu

klagen. So lässt sich heutzutage keine Politik mehr machen.

Vorgeblich geht es darum, den Kinderreichtum in Deutschland zu stärken, das ist das große Ziel, hinter dem sich alle Familienpolitik versammelt. Daran gemessen ist schon das Elterngeld spektakulär gescheitert. Mehr als vier Milliarden Euro kostet diese Neuerung pro Jahr, aber an der Zahl der Geburten hat sich nichts wirklich geändert. Auch das Betreuungsgeld, über das die Koalition weiter hingebungsvoll streitet, wird die Deutschen nicht dazu bringen, mehr Kinder in die Welt zu setzen – zumindest nicht in den Schichten, an denen Wohlstand und Zukunft des Landes hängen.

Der Zusammenhang zwischen Fortpflanzung und finanzieller Ausstattung ist offenbar weit weniger stark als allgemein angenommen. Der vorherrschenden Meinung zufolge liegt es an den mangelnden Betreuungsangeboten des Staates, dass die Zahl der Geburten kontinuierlich sinkt. Kaum eine Rolle spielt in der Diskussion der unerfüllte Kinderwunsch. Eine erstaunlich hohe Zahl von Frauen, die nach den Motiven von Kinderlosigkeit befragt wurden, gibt Unfruchtbarkeit als Grund an. Immer mehr Frauen schieben die Geburt ihres ersten Kindes hinaus, um nach dem Studium eine berufliche Grundlage zu legen – eine durchaus vernünftige Karriereentscheidung, die allerdings auf brutale Weise mit der Biologie kollidiert. Dieses Problem ist in der Diskussion um die Geburtenarmut in Deutschland kein Thema, vielleicht auch weil sich gegen Unfruchtbarkeit noch kein staatliches Hilfsprogramm auflegen lässt.

UNTER APOKALYPTIKERN

Auf einmal hatte die Krise um den Euro zwar kein Ende, aber immerhin einen neuen Helden. Georgios Papandreou hieß der Mann, der den entfesselten Finanzmärkten endlich die Stirn bot, indem er sein Volk zur Abstimmung aufrief. Eigenartig, werden Sie jetzt vielleicht denken, ist das nicht dieser Ministerpräsident, der es bis zuletzt nicht hinbekam, die eigenen Millionäre an der Sanierung seines Landes zu beteiligen, dafür aber ständig mit dem Hut in der Hand in Europa herumlief, um neue Rettungsmilliarden einzusammeln? Mal wieder «Frankfurter Allgemeine» lesen, kann man da nur empfehlen: Dort lernt man nämlich, warum dem ehemaligen griechischen Premier in Wahrheit Dank und Respekt gebührt, und zwar von keinem Geringeren als Jürgen Habermas, dem letzten Schwerintellektuellen des besseren Deutschlands.

Glaubt man dem Starnberger Philosophen, dann sind wir schnurgerade auf dem Weg in die «Postdemokratie», also einer Staatsform, die irgendwo zwischen Parlamentarismus und Diktatur angesiedelt ist und in der schon die Ankündigung eines Wahlgangs einer Heldentat gleichkommt. Wo Habermas sich zu Wort meldet, wird in ganz hohe Regale gegriffen. Das war schon vor 25 Jahren so, als er im Historikerstreit die «politische Kultur des Westens» vor die Hunde gehen sah (und dabei nebenbei die Reputation von vier Kollegen ruinierte). Nun ist es eben der Finanzfaschismus, vor dem er uns bewahren will.

Natürlich lässt sich fragen, was von einem Referendum zu halten ist, das die entscheidende Frage nicht zur Abstimmung stellt, nämlich die nach Austritt oder Verbleib in der Währungsunion. Wie Papandreou erklärte, wollte er die Griechen nur über den in Brüssel ausgehandelten Sanierungsplan entscheiden lassen, was etwa das Gleiche ist, als ob man Hartz-IV-Empfänger über die Höhe des Regelsatzes abstimmen ließe. Mit der «Würde der Demokratie», die jetzt beschworen wird, hat so ein Verfahren wenig zu tun; eher mit der Art von Stimmenkauf, die in Griechenland seit langem Praxis ist.

Wir sind in die Phase eingetreten, wo die Positionen für die politischen Verteilungskämpfe der Zukunft abgesteckt werden. Wie aus jeder Krise lässt sich auch aus dieser Kapital schlagen, man muss nur aufpassen, dass die Leute die richtigen Lehren ziehen. Derzeit gibt es zwei konkurrierende Deutungen, was eigentlich passiert ist: Auf der einen Seite steht die nüchterne Analyse der wirtschaftlichen Gesetzmäßigkeiten, die zu der Vertrauenskrise in Europa führten, auf der anderen der Aufschrei des Herzens, der die gegenwärtige Auseinandersetzung in den Begriffen eines ideologischen Endkampfs beschreibt.

Habermas gehört, entgegen seinem Ruf als kühler Großdenker, eindeutig ins Lager der apokalyptisch gestimmten Hystriker. In seiner Erzählung von der Euro-Krise ist die Politik längst unter die Räder der Ökonomie geraten. Statt sich um den sozialen Ausgleich zu kümmern, besorgen die demokratischen Akteure das Geschäft der Märkte. Sie sind Getriebene oder, wie die deutsche Kanzlerin, willige Erfüllungsgehilfen des «verwilderten Finanzkapitalismus», der nur am kurzfristigen Wohl der Aktionäre interessiert ist und demokratische Legitimationsprozesse für überflüssig hält. Finis Europae.

Man muss den Mut bewundern für eine solch tollkühne Umkehrung der Tatsachen. Der Ruin Griechenlands ist ja nicht die Folge wilder Finanzspekulationen, wie sich leicht nachweisen lässt, sondern der Endpunkt einer hemmungslosen Schuldenpolitik, die darauf setzte, dass am Ende schon andere für die Wechsel geradestehen würden, die man in Athen ausstellte. Aber darum geht es in Wahrheit auch nicht. Niemand denkt ernsthaft daran, den Banken Quoten für Staatsanleihen vorzuschreiben oder die Zinssätze zentral steuern zu lassen. Wie sollte das funktionieren? Was konkrete Forderungen betrifft, geht es Habermas wie den Occupy-Wall-Street-Aktivisten, denen ja ebenfalls nicht viel mehr einfällt außer der vagen Idee, dass nun das Geld irgendwie neu umverteilt werden müsse.

Tatsächlich zielt der ganze rhetorische Aufwand darauf ab, die Politik von ihrer Verantwortung freizusprechen, um für eine Fortsetzung der Politik der Bequemlichkeit freie Hand zu haben. Aus Wachstum wird sich der Erhalt des Sozialstaats nicht finanzieren lassen, geschweige denn sein weiterer Ausbau; das hat schon in der Vergangenheit nicht funktioniert. Es bleibt nur der Weg über die Geldaufnahme, und deshalb ist jetzt jeder ein Feind, der diesen Weg schwieriger macht: die Rating-Agenturen, die mit Blick auf die Ausfallrisiken die Zinsen hochtreiben; die Banken natürlich, die nach dem Sündenfall in Griechenland nicht mehr so einfach das Geld ihrer Kunden ausreichen; die Händler an den Devisenmärkten, die darauf setzen, dass die europäischen Staaten ihre Schuldenprobleme nicht wirklich in den Griff bekommen.

Griechenland ist das prominenteste Beispiel, wohin einen die fortgesetzte Korruption der Wähler durch die zu Wählenden führen kann. Aber auch den Deutschen ist die Bestechungspolitik nicht fremd, wie ein Blick in den Katalog sozialstaatlich verbriefter Leistungen zeigt, der verbilligte Opernbillets ebenso einschließt wie sozial gestaffelte Fernsehgebühren und Vater-Kind-Kuren für den gestressten Teilzeitangestellten. Das alles hat selbstverständlich seinen Preis. Auf über zwei Billionen Euro summieren sich die Schulden aller deutschen Gebietskörperschaften, und in dieser Summe sind noch nicht die Zahlungsverpflichtungen enthalten, die wir mit der Zusage an die jetzt arbeitenden Generationen eingegangen sind, im Alter für einen auskömmlichen Ruhestand zu sorgen.

Die Sachwalter des Sozialen reklamieren für ihr Handeln gerne moralische Gründe. Doch am Verzehr von Zukunft, und genau darum handelt es sich bei der Fürsorge auf Pump, ist nichts moralisch. Das schöne Wort von der «Umverteilung», das jetzt wieder in Mode ist, ruft die Vorstellung hervor, als ob von denen, die mehr haben, denen geholfen würde, die des Beistands anderer bedürfen. Aber das beschreibt einen Zustand, der schon lange der Vergangenheit angehört. Weil es auch in Deutschland nicht genug Reiche gibt, um alle Versprechen des Sozialstaats zu finanzieren, ist man dazu übergegangen, die Umverteilung generationenübergreifend zu organisieren, von den noch Ungeborenen auf die heute Lebenden. Das ist auch «postdemokratisch», allerdings in einem viel grundsätzlicheren Sinne, als das bei Habermas gemeint ist.

DER MILLENNIUMS-ÖKONOM

Woher kommt bloß diese Helmut-Schmidt-Begeisterung? Ist es der Respekt vor dem Durchhaltevermögen des Alt-kanzlers, der im Dezember 93 Jahre alt wurde? Die Freude über ein vertrautes Gesicht in einer sich immer schneller wandelnden Zeit? Die heimliche Bewunderung für das Kettenrauchertum? An seinen Einlassungen zur aktuellen politischen Lage kann es jedenfalls nicht liegen, dass Schmidt bei den Deutschen in so hohem Ansehen steht – es sei denn, man kommt zu dem Schluss, dass sie an ko-gnitiver Dissonanz leiden, wie die Psychologie einen Zu-stand nennt, in dem Gefühltes, Gehörtes und Erlebtes aus-einanderfallen.

Rekapitulieren wir kurz, wie der Herausgeber der «Zeit» anlässlich der Verabschiedung von EZB-Präsident Jean-Claude Trichet die größte Krise beurteilte, in der sich Europa seit Ratifizierung seiner Gründungsurkunden be-findet. Die Europäische Zentralbank habe sich als hand-lungsfähig erwiesen, ihre Politik als wirksam, erklärte Schmidt dem andächtig lauschenden Publikum. «Das vielfältige Gerede über eine sogenannte Krise des Euro ist bloß leichtfertiges Geschwätz von Politikern und Jour-nalisten.» Sogenannte Krise des Euro? Man weiß nicht, was neben Tabak sonst noch auf dem Herausgeber-Flur der «Zeit» geraucht wird, aber was immer es ist, man wünscht sich, man hätte es auch zur Hand, wenn man die-ser Tage die Nachrichtenlage verfolgt. Exakt 23 Tage nach

Schmidts Auftritt in Brüssel brachte der Zinssprung bei italienischen Staatsanleihen die Währungsunion an einen Punkt, an dem es nach Meinung vieler nur noch zwei Möglichkeiten gab: Entweder diese Union bricht auseinander. Oder die Zentralbank leiht Italien das Geld, das es am Markt nicht mehr zu finanzierbaren Kosten bekommen hat – was nichts anderes bedeutet, als dass Europa seine Notenpressen anwirft.

Immerhin, Schmidt ist sich treu geblieben, da gibt es nichts. Schon bei der Einführung des Euro gehörte er zu denen, die völlig unbeirrt, um nicht zu sagen emphatisch an ein gutes Ende dieses Abenteuers glaubten. Zweiflern, die auf die unterschiedlichen Mentalitäten und Wirtschaftskulturen verwiesen, antwortete er, sie wollten nur an die «Gefühle der Bevölkerung» appellieren, die aus sentimentalen Gründen an der D-Mark hinge. Den Stabilitätspakt hielt er für falsch («deutsche Großmannssucht!»), die

Die Euro-Rettung ist nah: China bereitet den Kauf von Italien vor

Maastricht-Kriterien für weitgehend überflüssig. «Ich will einräumen: Auch mir scheint ein hohes Maß an Gleichlauf (‹Konvergenz›) der Volkswirtschaften der Teilnehmerstaaten wünschenswert», beschied er den damaligen Bundesbank-Präsidenten Hans Tietmeyer. «Aber für die Funktionstüchtigkeit des Euro ist die Konvergenz keineswegs nötig.» Tietmeyer hatte es gewagt, die Euro-Reife von Ländern wie Italien und Griechenland anzuzweifeln. Damit stellte er sich in die Reihe der «Provinz-Außenpolitiker» und «Provinz-Ökonomen», deren «fachliche Mäkeleien» nach Ansicht des Altkanzlers einen erschreckenden «Mangel an strategischer Einsicht» beziehungsweise einen gefährlichen «DM-Nationalismus» zeigten (andere Provinzler waren in wechselnder Folge Horst Köhler, Theo Waigel, Edmund Stoiber, Rudolf Augstein).

Es kommt öfter vor, dass Menschen partout auf einem Feld reüssieren wollen, für das sie eher unbegabt sind. Schmidt setzte immer schon den größten Ehrgeiz darauf, sich der Öffentlichkeit als Wirtschaftsweiser zu empfehlen, dabei lagen seine Fähigkeiten erkennbar woanders. In den achteinhalb Jahren seiner Kanzlerschaft vervierfachten sich die Schulden des Bundes von 80 Milliarden auf 320 Milliarden D-Mark, das hat kein anderer deutscher Regierungschef in einem vergleichbaren Zeitraum hinbekommen; auch die Arbeitslosigkeit erreichte Rekordhöhen. Der Historiker Gérard Bökenkamp kommt in seiner «Geschichte der Sozial-, Wirtschafts- und Finanzpolitik» der Bundesrepublik im Fall Schmidt zu dem Befund: «In der Frage der Devisenbewirtschaftung lag er falsch, seine Finanzpolitik war ein Desaster, seine Konjunkturpolitik blieb wirkungslos, seine Aussagen zu Inflation und Stabilität waren wechselhaft.» Schmidt hat sich durch solche Rückschläge nie beirren lassen. Der Welt- und (wie man seit der Bambi-Verleihung letztes Jahr sagen darf) Millenniums-Ökonom wusste nicht nur immer ganz genau, warum ihm niemand anders das Wasser reichen konnte, er ließ die Welt darüber auch nie im Unklaren. Darin ist er sich ebenfalls treu geblieben, wie seine Ausfälle gegen die Bundeskanzlerin zeigen.

Wir hören jetzt wieder, dass es an der Zeit sei, das Primat der Politik gegen das Primat des Ökonomischen durchzusetzen. Wenn damit gemeint sein sollte, die wirtschaftliche Vernunft außer Acht zu lassen, kann man nur sagen: Das hatten wir schon. Der Euro ist ein schönes Beispiel, was geschieht, wenn man auf hehre Appelle vertraut und davon absieht, auf welche Anreize Menschen in Wirklichkeit reagieren. Daran ändert auch nichts, dass der Wechselkurs zum Dollar relativ stabil ist, wie die Euro-Freunde nicht müde werden zu betonen. Diese Stabilität ist im wahrsten Sinne geliehen. Sie gründete in der Vergangenheit auf der Annahme, dass die Deutschen alles für den Erhalt der Gemeinschaftswährung tun werden. Bislang haben die Bundesbürger diese Erwartung erfüllt. Man wird sehen, ob sie künftig auch bereit sind, für ihre notleidenden Nachbarn die Goldvorräte herzugeben oder das Ersparte zu entwerten. Sollten sie sich verweigern, ist auch die vielgelobte Stabilität dahin.

IN DER VERHARMLOSUNGSFALLE

Wie man sich doch in Menschen täuschen kann. Nehmen wir Kristina Schröder. Bislang hat sich die Bundesfamilienministerin der breiteren Öffentlichkeit vor allem durch ihren Einsatz für mehr Krippenplätze und die Fortzahlung des Elterngelds empfohlen. Dazu kamen die Nachrichten aus dem Wochenbett: Nur zehn Wochen nach der Entbindung war die junge Mutter schon wieder an ihrem Arbeitsplatz, das muss man wohl vorbildlich nennen. Wer hätte gedacht, dass ausgerechnet diese emanzipierte Frau dafür mitverantwortlich ist, dass der Rechtsextremismus in Deutschland blüht und wir uns in der eigenen Republik nicht mehr sicher fühlen können.

Aber genauso ist es, jedenfalls wenn man der «Tagesschau» glauben darf. «Wenn wir in einem demokratischen Rechtsstaat leben wollen, in dem alle Menschen (…) auf die staatlichen Organe vertrauen können, dann brauchen wir Politiker, die Opfer ernst nehmen», donnerte es in einem Kommentar auf tagesschau.de. «Wenn wir eine Gesellschaft anstreben, in der jeder individuelle Lebensentwurf, vom schwäbischen Häuslebauer bis zur Drag-Queen im Kreuzberger Kiez, akzeptiert wird, dann brauchen wir verantwortungsvolle Politiker, die nicht aus ideologischer Geschwätzigkeit heraus Gräben aufreißen, wo gar keine sind. Kristina Schröder ist dieser Verantwortung nicht gewachsen.»

Nun ist Geschwätzigkeit normalerweise kein hinreichender Grund für eine Abmahnung im öffentlich-rechtlichen Rundfunk. Die Familienministerin ist auch nicht direkt für die staatlichen Organe verantwortlich, die den Schutz des Rechtsstaats gewährleisten sollen. Bislang fallen die Sicherheitsbehörden noch immer in die Zuständigkeit des Bundesinnenministers. Dafür untersteht ihr die Förderung all der Beratungsprojekte, Vor-Ort-Initiativen und Arbeitsstellen gegen Rassismus und Diskriminierung, deren Aufklärungsarbeit nach Meinung vieler bei der Bekämpfung des Rechtsextremismus mindestens so viel Bedeutung zukommt wie der Arbeit von Polizei und Verfassungsschutz. Und in dieser Szene hat sich die Ministerin nachhaltig unbeliebt gemacht. Seit Schröder von jedem Verein eine sogenannte Demokratieerklärung verlangt, in der sich die Empfänger von Fördergeldern zum Grundgesetz bekennen müssen, lebt sie mit dem Vorwurf, sie könne Links- und Rechtsextremismus nicht auseinanderhalten. Das reicht schon, um in den Verdacht zu geraten, den braunen Terror zu verharmlosen. Oder zu «relativieren», wie es bei solcher Gelegenheit heißt.

Es war absehbar, dass die Debatte über die Gefahr von rechts in eine über staatliche Zuwendungen abbiegen würde. Wo es ums Geld geht, erwächst Konkurrenz, auch wenn man das in diesem Fall so nicht sagen darf. Der einfachste Weg, den Furor der öffentlich finanzierten Teilzeit- und Dauer-Engagierten zu entfachen, ist, eine Diskussion über Interessenlagen zu beginnen. Weil alles aus dem vornehmsten Anlass geschieht, setzt sich jeder sofort ins Unrecht, der Zweifel anmeldet, und sei es nur, indem er wie die Familienministerin zuvor gerne sichergestellt hätte, dass sein Geld auch für die von ihm beabsichtigten Zwecke fließt.

Der Glaube an die segensreiche Wirkung von Sozial-

arbeit ist grenzenlos. Von den zehn Vorschlägen, die die
«taz» unter der Überschrift «Gegen Neonazis: Was jetzt
zu tun ist» auf ihrer ersten Seite präsentierte, liefen alle irgendwie auf eine Stärkung des sogenannten zivilgesell-
schaftlichen Engagements hinaus. Der einzige Bereich
der Gesellschaft, in dem sich das Böse völlig untherapier-
bar zu halten scheint, sind Vorstandsetagen. Spitzenmana-
ger können tausendmal behaupten, dass sie eine schwere
Kindheit hatten, es wird ihnen nichts nützen. Ansonsten
gibt es keine Problemgruppe, bei der nicht gute Wort und
viel Zuwendung Abhilfe schaffen können. Und wenn sich
die Probleme trotz des Einsatzes wider Erwarten verfesti-
gen, dann gab es eben nicht genug sozialtherapeutisches
Personal, um die Dinge in den Griff zu bekommen.

Es ist ein nahezu narrensicheres System, das längst auch
abseits der Welt der Zahlen funktioniert. Die Wahrheit ist
ja: Keine Bundesregierung hat jemals so viel Geld für die
Bekämpfung des Rechtsextremismus ausgegeben wie die
derzeit amtierende. 24 Millionen Euro gehen jedes Jahr in
die entsprechenden Programme, das sind vier Millionen
Euro mehr als unter Rot-Grün. Tatsächlich ist es so viel
Geld, dass von den bereits bewilligten Mitteln Ende vergangenen Jahres noch 8,5 Millionen Euro übrig waren,
weil die vom Staat geförderten Projekte noch nicht die
Zeit gefunden hatten, alles abzurufen. Aber, wie gesagt,
wenn es um die gute Sache geht, darf man nicht zu kleinlich sein. Sonst heißt es noch, man stehe auf der falschen
Seite.

LICHTERKETTE FÜR GUTTENBERG

Machen wir einen kleinen Test zur aktuellen politischen Bußpraxis. Von wem stammt der folgende Satz: «Ich habe einen Riesenfehler gemacht. Und für Fehler muss der Mensch die Verantwortung übernehmen»? Wer hat die Tage nach seinem Rücktritt so beschrieben: «Das Erste ist eine Schocksituation, die zu bewältigen ist. Danach fangen die Trauer und das Abschiednehmen an. Und ich musste natürlich von einem Tag auf den anderen Abschied nehmen, von meinem Amt, von meiner Lebenssituation hier, wo ich wohne.»? Wer zieht bis heute Trost aus seiner ungebrochenen Popularität? «Was mich berührt hat, war die liebevolle Reaktion von sehr vielen Menschen. Wir haben für die Briefe extra verschiedene Kisten aufgestellt: Die Positivkisten wurden immer voller, und die Negativkisten blieben sehr leer.»

Wenn Sie jetzt denken, dass die Antwort auf der Hand liegt, weil Sie genau diese Sätze in dem langen «Zeit»-Interview mit Karl-Theodor zu Guttenberg gelesen haben, dann wurden Sie leider auf dem falschen Fuß erwischt. Die Zitate sind nicht aus der «Zeit», sondern aus dem SPIEGEL, und sie stammen auch nicht von dem Freiherrn, wie man annehmen könnte, sondern aus einem Gespräch mit Margot Käßmann. Zugegeben, das war nicht ganz fair. Man konnte die zwei eine Zeitlang wirklich leicht verwechseln. Über Tage lief die Entschuldigungskampagne des ehemaligen Bundesverteidigungsministers, dann kam auch noch sein Buch in den Handel, und gemessen an Häufigkeit und Vehemenz der Selbstvorwürfe kann es eigentlich nur noch eine Frage der Zeit sein, bis auch Karl-Theodor zu Guttenberg von der Kulturstiftung Pro Europa der «Europäische Kulturpreis für Zivilcourage» angetragen wird beziehungsweise eine Gastprofessur für Sozialethik an der Ruhr-Universität Bochum. Von einem «ungeheuerlichen Fehler» war bei ihm die Rede, einer «unglaublichen Dummheit», die er «auch von Herzen bedauere» und die er sich nur mit der Überforderung seiner «Doppelbelastung» als Familienvater und Politiker erklären könne. Spätestens das ist das Stichwort, bei dem selbst der ärgste Guttenberg-Kritiker die Waffen strecken muss. «Doppelbelastung» ist genial, darauf ist nicht einmal Margot Käßmann gekommen.

Doch wie sich herausstellte, waren nicht alle zur Spontan-Vergebung bereit. Ein «Blender» sei der aus dem Amt gedrängte Verteidigungsminister, konnte man lesen, ein «Gaukler» und ein «wahrhaft gefährlicher Mann». An seinen Ein- und Auslassungen zur Politik im Allgemeinen und seiner Partei im Besonderen kann es nicht liegen, dass den Freiherrn nun zum zweiten Mal die volle mediale Verfolgungswut traf. Dass er viele Politiker für ahnungslos und überfordert hält, dürften die meisten, die Guttenberg erneut den Prozess machten, ihm nicht wirklich vorhalten wollen. Sie fühlten sich genarrt durch die Virtuosität, mit der sich der Gestürzte der Entschuldigungsformeln bediente, die sie gerne für andere Kandidaten reserviert gesehen hätten. Nach den Regeln des politischen Bußrituals hätten dem Mann jetzt Anerkennung und Anteilnahme gebührt, dabei wünschen sich seine Kritiker nach wie vor nichts sehnlicher als ewige Verachtung und Verbannung.

Zu den Höhepunkten im Vollzug moralischer Politik gehört die Bekundung von Schuld und Reue. Jemand hat einen Fehler begangen, er ist daraufhin tief gefallen, nun bittet er die Öffentlichkeit um Verzeihung. Manchmal fließen in diesen Augenblicken auch Tränen, sie gelten dann als sicherer Beweis, dass die Entschuldigung von Herzen kommt.

Unüberhörbar weisen diese öffentlichen Bitten um Vergebung in den religiösen Bereich zurück, das macht sie so mächtig. Mit der fortschreitenden Säkularisierung der Alltagswelt sind die moralischen Energien, von denen der katholische Glaube und mehr noch der Protestantismus lebte, ja nicht einfach abgestorben, sie haben sich lediglich verschoben. An die Stelle des Pietisten ist der moderne Tugendmensch getreten, dessen Glaubenseifer in immer neuen Vorschriften Entlastung findet. Guttenberg ist, wenn man so will, der Fehler im System; ein rechter Nutznießer der linken Versöhnungsrhetorik.

Nicht wenige nahmen Anstoß daran, dass ausgerechnet die «Zeit» dem gefallenen Hoffnungsträger bei seinem politischen Resozialisierungsversuch unter die Arme griff. Sie hatten sich von der Anstandsdame des deutschen Journalismus eine Verurteilung erwartet, nicht einfühlsame Begleitung auf seinem Bußweg. Aber die Enttäuschung beruhte auf einem Missverständnis. Kaum ein Blatt in Deutschland steht so für das protestantische Verständnis von Politik, in der das Schuldgefühl am Bodensatz der Zivilisation liegt und bei jedem Anlass die Lichterkette brennt, wie die Hamburger Wochenzeitschrift. In einem Blatt, in dem der Chefredakteur Bücher mit dem Titel «Wofür stehst Du?» auf den Markt bringt, darf jeder auf Verständnis hoffen, solange er sich zur Umkehr bereit zeigt, das gilt vom jugendlichen U-Bahn-Schläger bis zum

gemäßigten Taliban. Da lässt man dann auch einen reue-
bereiten Baron nicht im Regen stehen.

Gegen das Sentimentale ist so schnell kein Kraut gewachsen, das mussten die Guttenberg-Kritiker bald erkennen. Stärker als das im Entrüstungston des Staatsanwalts
vorgetragene Argument ist der Appell in der Sprache des
Herzens. «Wiederholt äußerte er am Rande der Gespräche, dass er ‹gezeichnet›, ja ein wenig ‹traumatisiert› sei»,
heißt es im Vorwort zum Interview-Buch, das kurz vor
Weihnachten zum Verkaufsschlager avancierte. Hier ist
die Leidensgeschichte, die das Material für die Selbstiden-
tifikation liefert, die schon Margot Käßmann in die Hö-
hen des Bestsellerhimmels gehoben hat. Wer es für einen
Zufall hält, dass die beiden Publikumslieblinge bei Herder
veröffentlichen, dem Spezialverlag für alles Spirituelle, hat
immer noch nicht begriffen, welches Spiel hier läuft.

DEUTSCHE AUFS SÜNDERBÄNKCHEN

Vorhang auf zu einer neuen Schicksalswoche. Wieder macht sich die Politik daran, Europa zu retten, und wenn es so läuft wie immer, dann stehen am Ende zwei Dinge fest: Es wird alles noch schlimmer als erwartet. Und die Kanzlerin hat es mal wieder vermasselt. Darauf können sich bislang noch alle einigen, die sich um den Fortbestand des Euro sorgen.

Nun ist es das vornehme Recht von Journalisten und anderen Meinungskundigen, es besser zu wissen, das macht ja einen der großen Vorteile dieses Berufsstandes aus. Aber sollte man nicht an irgendeinem Punkt auch einmal sagen, wie es denn besser ginge – respektive welche Lösung im Rückblick besser gewesen wäre? Das ist der eklatante Mangel an der Merkel-Kritik: Man findet in ihr immer in kraftvollen Worten dargelegt, dass die Kanzlerin alles falsch macht, aber kaum ein Wort zur richtigen Alternative.

Das fängt mit der Frage an, wen man sich denn an ihrer Stelle wünschen sollte. Wer glaubt ernsthaft, wir stünden heute besser da, wenn der brave Frank-Walter Steinmeier mit dem französischen Staatspräsidenten die Details zur Euro-Rettung aushandeln müsste? Oder der lustige Herr Gabriel? Oder ein Kanzler Steinbrück, der den Nachbarn schon mal mit der deutschen Kavallerie droht? Der Mann neigt, wie wir wissen, zu Temperamentsausbrüchen, das muss in schwierigen Situationen nicht immer von Vorteil sein.

Sehen wir uns die Merkel-Kritik genauer an: Die Kanzlerin habe durch ihr Zögern und Zaudern in der Krise die Dinge verschlimmert, heißt es, erst ihre Politik des Neinsagens habe die Lage eskalieren lassen. Damit kann ja nur gemeint sein, dass sie nicht gleich zu Beginn der Krise alle Zweifel an der Bonität unserer südeuropäischen Nachbarn mit der Zusage ausgeräumt hat, bei Kreditausfällen mit deutschem Geld einzuspringen. Eine solche Garantie hätte die Anleger zweifellos beruhigt, die sich nun zu Recht fragen, ob sie nicht irgendwann Lire oder Peseten zurückbekommen, wenn sie Italien oder Spanien weiter Euro leihen. Der Nachteil einer solch frühen Selbstverpflichtung zur unbegrenzten Schuldenhaftung ist allerdings ebenso evident: Fortan hätte sich kein Schuldenstaat mehr veranlasst gesehen, zu einer nachhaltigeren Form des Wirtschaftens zurückzukehren; aus einer bedingungslosen Haftungsübernahme für Griechenland hätten nicht nur die Investoren ihre Schlüsse gezogen.

Ohne die Deutschen wird es keine Lösung der Krise geben, darüber besteht Einigkeit. Sie sind die Einzigen mit einem Volksvermögen, das groß genug ist, um von den Anlegern als Pfand beim Kauf risikobehafteterer Staatsanleihen akzeptiert zu werden. Alle starren jetzt auf das deutsche Sparschweinchen in der Mitte des Tisches und verlangen, dass es zur Rettung des Euro geopfert wird. Die Frage ist nicht mehr, ob es so kommen wird (es wird passieren, auf die eine oder andere Weise), die Frage ist allein, zu welchen Bedingungen. Soll man der Kanzlerin in dieser Situation wirklich vorwerfen, dass sie gern an den europäischen Verträgen noch ein paar Änderungen durchgesetzt hätte, die im deutschen Interesse liegen, bevor sie ihr Einverständnis zu einer Vergemeinschaftung der Schulden im Euro-Raum gibt? Vielleicht bleibt ihr nicht mehr genug

Zeit, weil den Italienern zu schnell das Geld ausgeht, das mag sein. Aber das hat dann nichts damit zu tun, dass sie nicht schnell genug das Geld der Deutschen herausgerückt hat.

Der andere Großvorwurf an die Kanzlerin lautet, sie mache die Deutschen durch ihre Halsstarrigkeit in Europa unbeliebt. Das Argument läuft immer, da ziehen alle in der politischen Klasse sofort die Köpfe ein. Altkanzler Helmut Schmidt verglich die Bundesregierung schon mit der deutschen Regierung unter Kaiser Wilhelm am Beginn des Ersten Weltkriegs («der Wahn der Deutschen, sich aufzuspielen, macht mir wirklich Sorgen»), was zeigt, dass kein historischer Vergleich zu groß geraten kann, um die Bundesbürger zur Herausgabe ihrer Spargroschen zu pressen. Wenn nichts anderes mehr hilft, dann kommt verlässlich der Hinweis auf die deutsche Vergangenheit, das war schon vor 20 Jahren so, als es um die Einführung des Euro ging.

Kein französischer Politiker käme je auf die Idee, sich dafür zu schämen, dass er die eigenen Interessen im Blick behält, wenn er zu Verhandlungen mit seinem deutschen Widerpart zusammentrifft. Bei den Briten ist es seit langem ein beliebter Zeitvertreib, die anderen Europäer vor den Kopf zu stoßen, indem man ihnen erklärt, warum die Aufgabe nationaler Souveränitätsrechte eine Schnapsidee sei. Es wird ein ewiges Geheimnis bleiben, warum wir uns jetzt ausgerechnet vor der britischen Boulevardpresse fürchten sollen, die wegen ihrer Abhörmethoden eben noch als die verkommenste ihrer Art gegeißelt wurde. Aber irgendwie ist für die Deutschen auch 66 Jahre nach Kriegsende immer ein Sünderbänkchen reserviert, auf dem sie ganz stille sitzen müssen, wenn es um die Verteilung von Geld und Macht in Europa geht.

Metaphysische Kategorien sind für Letztbegründungsargumente in politischen Angelegenheiten denkbar schlecht geeignet, das gilt erst recht für historische Schuld. Wer glaubt, dass Leute sich besonders solidarisch verhalten, wenn man ihnen zuvor ein ordentlich schlechtes Gewissen macht, versteht entweder nichts von der Natur des Menschen – oder er sieht bewusst von den psychologischen Grundlagen ab, weil ihm kein rationales Argument mehr einfällt. Für die Einigung Europas war die Erinnerung an zwei Weltkriege zweifellos konstitutiv, aber für eine Umschuldungspolitik, wie sie jetzt ins Auge gefasst wird, reicht die moralische Nötigung nicht mehr aus. Der britische Historiker Niall Ferguson hat kürzlich ausgerechnet, dass sich die Nettozahlungen der Bundesbürger zwischen 1958 und 1992 auf mehr als 162 Milliarden D-Mark beliefen, hinzu kamen 379 Milliarden D-Mark an sogenannten «Transferleistungen ohne Gegenleistungen». Das entspricht zusammengenommen etwa dem, was den Deutschen nach dem Ersten Weltkrieg an Reparationszahlungen aufgebürdet wurde. Man mag es ihnen also nachsehen, wenn sie finden, sie hätten ihre finanzielle Bringschuld erbracht.

Es ist erstaunlich, mit welcher Nonchalance die Euro-Pathetiker über das Pekuniäre hinwegsehen. Schmidt folgert aus der Tatsache, dass Deutschland immer schon ein Nettozahler in Europa war, dass es keinen Grund gebe, sich nun bei einem weit größeren Lastenausgleich anzustellen. Ganz ähnlich liest es sich bei Jürgen Habermas, dem anderen Anti-Merkelianer, der gern in Stellung gebracht wird, wenn es um alternative Vorschläge zur Lösung der Euro-Krise geht. Möglicherweise muss man in einem gewissen Alter sein, um die Dinge so gelassen zu sehen beziehungsweise einen Großteil der Rente schon verzehrt haben. «Ja tatsächlich, es soll kleine Leute geben, die sich schon genug geschröpft fühlen und Angst haben vor Währungskalamitäten», hat Rudolf Augstein in einem Kommentar im Sommer 1995 anlässlich der Auseinandersetzung um die Maastricht-Verträge angemerkt. Und er fügte hinzu: «Schmidt spricht als Mitglied einer privilegierten und geschützten Klasse, der er aufgrund seiner Verdienste mit Recht angehört.» Dieser Satz besitzt auch 17 Jahre später durchaus noch Gültigkeit, wie man sieht.

VORWÄRTS, MIGRANT!

Es gibt Entscheidungen im politischen Geschäft, die nicht die Beachtung finden, die ihnen zusteht. Das gilt selbst für Beschlüsse, die weit in die Zukunft reichen, weil anderes gerade wichtiger scheint oder die öffentliche Wahrnehmung beherrscht. Beim letztjährigen SPD-Parteitag in Berlin hat neben der Steuerdiskussion nur der Schaulauf der drei möglichen Spitzenkandidaten Aufsehen erregt. Dabei schlug die deutsche Sozialdemokratie, von einem größeren Publikum weitgehend unbemerkt, ein neues Kapitel in der Gleichberechtigung auf. Neben der Frauenquote, die noch einmal verschärft wurde, gibt es jetzt auch eine Quote für Ausländer: 15 Prozent der Führungskräfte in der Bundespartei müssen künftig einen Migrationshintergrund haben, so hat es der Parteitag mehrheitlich beschlossen.

Die SPD hat sich schon immer als Motor gesellschaftlicher Entwicklungen verstanden. Weil sie gleichzeitig eine Partei ist, die es nicht bei Proklamationen belässt, wurde noch an Ort und Stelle mit der Wahl von Aydan Özoguz die Quote bei den Stellvertretern des Bundesvorsitzenden Sigmar Gabriel erfüllt. Im Parteivorstand gibt es seitdem auch einen Beauftragten «für die interkulturelle Öffnung der Partei», der die entsprechenden Gremien «regelmäßig» über die erzielten Fortschritte informieren und ihnen «Handlungsempfehlungen für die weitere Öffnung» an die Hand geben wird. «Wir bleiben nicht nur unter uns, sondern lassen uns bereichern», heißt es in einer Art Selbstverpflichtung, die von den Delegierten in Berlin mit großer Mehrheit angenommen wurde. «Das bedeutet auch, offen für unterschiedliche Meinungen und Verhaltensweisen zu sein. Das halten wir nicht nur aus, sondern das wollen wir. Menschen sehen unterschiedlich aus, leben, fühlen und denken unterschiedlich. Das ist das Leben.»

Was immer man vom Leben im Allgemeinen und der Quote im Besonderen halten mag, eines muss man den Sozialdemokraten zugestehen: Sie haben sich *ihr* Leben nicht leichter gemacht. Denn was auf dem Papier so überzeugend klingt, ist in Wahrheit eine ziemlich vertrackte Angelegenheit. Das fängt schon damit an, dass ja nicht ganz klar ist, was in Deutschland einen Migrationshintergrund begründet. Ob jemand Mann oder Frau ist, lässt sich noch immer relativ einfach beurteilen, auch wenn wir inzwischen viel daransetzen, die Grenzen zwischen den Geschlechtern zu verwischen. Doch wer oder was ist ein Migrant?

Die Frauenquote in den Chefetagen kommt

Die einfachste Antwort wäre: Jemand, der nicht in Deutschland geboren ist. Aber nach diesem Kriterium wäre auch jeder Deutsche, dessen Eltern sich zufällig zum Zeitpunkt der Geburt im Ausland aufhielten, ein Anwärter auf einen der quotierten Führungsplätze, was natürlich eine unberechtigte Vorteilsnahme gegenüber den wirklichen Migranten bedeuten würde. Also jemand mit ausländischem Pass. Das klingt ebenfalls einleuchtend, würde aber alle ausschließen, die sich rechtzeitig haben einbürgern lassen oder überhaupt nie auf einer doppelten Staatsbürgerschaft bestanden haben, so wie es mit dem neuen Einbürgerungsrecht beabsichtigt war. Weil auch dies nicht praktikabel erscheint, bleibt nur der Verweis auf die Vorfahren, also die Eltern und Großeltern.

Der Parteivorstand hat in einer gesondert vorgelegten Erklärung ausgeführt, dass als Migrant zu gelten habe, wer bis in die dritte Generation auf einen nichtautochthonen, also eindeutig fremdländischen Familienangehörigen verweisen kann. Doch was ist fremdländisch genug? Reicht eine französische Großmutter, oder muss es etwas Exotischeres sein? Auch Thilo Sarrazin hätte Anspruch auf einen der Quotenplätze, wenn man die Kriterien großzügig auslegt. Seine Großmutter ist Engländerin, die Mutter stammt aus Westpreußen, was heute Polen ist – woran sich die Frage anschließt, ob bei der Bestimmung des Migrantenstatus die Grenzen von 1937 gelten sollen oder doch lieber die von 1949 (womit automatisch alle Vertriebenen einen privilegierten Zugang zu SPD-Führungspositionen hätten).

Man sieht schon, die Sache ist furchtbar kompliziert, je genauer man sich mit den Einzelheiten beschäftigt. Zum Glück für die SPD-Führung existiert eine reiche Literatur zum Thema. Zu klären wird dann auch sein, ob man sich auf die Selbstauskunft der Bewerber verlassen will oder doch Geburtsurkunden oder andere Dokumente zur Prüfung heranziehen soll. Der Augenschein reicht ja leider nicht immer, wie man aus Erfahrung weiß. Nur weil einer einen italienischen Großvater vorweisen kann, bedeutet das noch lange nicht, dass er auch dessen Teint und Haarfarbe geerbt hat. Sicher, auf einen Migrantennachweis zu pochen, ist etwas peinlich, das kann schnell böse Erinnerungen wecken, erspart einem aber spätere Scherereien. Nicht auszudenken, wenn sich herausstellen sollte, dass der neue Parteivize seine türkische Oma erfunden hat, um sich einen Platz an der Spitze zu sichern.

Nicht alle SPD-Mitglieder sind mit dem Beschluss zufrieden, das kann bei solchen Entscheidungen nicht ausbleiben. Ostdeutsche Parteimitglieder weisen darauf hin, dass bei ihnen nur zwei Prozent der Bevölkerung einen Migrationshintergrund haben, was die Chancen auf eine angemessene Vertretung in den Parteigremien deutlich mindert. Ein klarer Fall von Benachteiligung, der nach einer weiteren Quote ruft.

Wer einmal angefangen hat, der Gleichberechtigung über Quoten auf die Sprünge zu helfen, kann so schnell nicht stehenbleiben, das ist ein grundsätzliches Problem. Warum es bei einer Migrantenquote belassen? Wem wirklich an einer «Kultur der Anerkennung» gelegen ist, müsste konsequenterweise auch eine Quote für Menschen fordern, die sich wegen einer Behinderung oder ihrer sexuellen Orientierung als gesellschaftliche Randgruppe empfinden. Und was ist mit Menschen, die zu dick sind oder als zu hässlich gelten? In den USA ist bereits eine lebhafte Debatte in Gang, wie man Menschen zu ihrem Recht verhelfen kann, die wegen ihres Aussehens Nachteile in Kauf nehmen müssen. Studien weisen aus, dass Arbeitnehmer, die als gut aussehend gelten, im Laufe ihres Lebens im Durchschnitt 230 000 Dollar mehr verdienen als ihre weniger attraktiven Kollegen. Das ist nicht gerecht, wie sich leicht einsehen lässt, denn diese Einkommensunterschiede beruhen nicht auf Leistung, sondern allein auf äußeren Attributen.

Die Sozialdemokraten haben noch einiges zu tun, um ihrem Ziel – der Gleichberechtigung aller mit allen – näher zu kommen. Wünschen wir ihnen viel Glück dabei, es wird kein leichter Weg.

VOR DEN GERICHTSHÖFEN DER MORAL

Ja, Christian Wulff hat einen schrecklichen Fehler begangen. Er hat sich von einem langjährigen Freundespaar
Geld geliehen und das anschließend als seine Privatsache
betrachtet. Das reicht in der Politik, um vor dem Moral-
Standgericht zu landen. Die Schnellgerichtsbarkeit ist
in Deutschland seit längerem aus der Mode, außer bei
Tugendvergehen. Da liegen Anklage und Urteilsfindung in
einer Hand, was das Verfahren ungemein beschleunigt.
Nicht einmal 48 Stunden brauchte es im Fall Wulff für die
Beweisaufnahme, dann stand das Urteil fest. Der Bundespräsident habe seinen «Kredit verspielt», befand die
«Zeit» und verhängte über das Staatsoberhaupt eine un-
befristete «Bewährungsaufsicht». Die «Frankfurter Allgemeine Zeitung» erteilte ihm Auftrittsverbot («Der Bundespräsident wird künftig schweigen müssen») und
machte sich in ihrer politischen Redaktion schon einmal
auf die Suche nach möglichen Nachfolgern.

Lange Zeit war unklar, gegen welches Gesetz Christian
Wulff verstoßen haben soll. Juristisch sei sein Verhalten
zwar nicht anfechtbar, lautete der erste Befund, dafür aber
moralisch. Das ist allerdings ein Vorwurf, gegen den sich
nur schwer eine Verteidigung aufbauen lässt. Wie sollte
diese aussehen? Die moralischen Normen, für deren Über-
tretung sich der Präsident verantworten muss, sind nirgendwo kodifiziert. Tatsächlich wird, wer sich für Fassba-
reres interessiert, auf das nötige «Gespür» für die Würde

des Amtes verwiesen, ein «Gefühl» für das, was sich als Politiker gehöre und was nicht. Für solche Kategorien sind normalerweise Tugendwächter zuständig, keine Richter.

Wer die Moraltreue über die Gesetzestreue stellt, betritt schwankenden Boden. «Legalität ist begrenzt und halbwegs nachprüfbar; Moralität aber ist potentiell unendlich, sie lässt sich immer noch übertreffen», hat Gustav Seibt über diese Form der Moraljustiz bei anderer Gelegenheit scharfsinnig angemerkt. Als das Ehepaar Wulff in der Villa des Finanzunternehmers Carsten Maschmeyer den Urlaub verbrachte, machte sich die Empörung an der Größe des Anwesens fest. Aber was wäre ein Reisearrangement, das keinen Unwillen mehr erregt? Fünf Tage im Drei-Zimmer-Appartement ohne Pool in El Arenal? Und wer erteilt die Genehmigung? Plasberg, Prantl, die Bewährungshelfer der «Zeit»?

Das Beängstigende an dieser Art Moraljagd ist das Willkürliche. Wo jede Strafprozessordnung suspendiert ist, sind vor Gericht auch nicht mehr alle gleich. Welches Vergehen zur Verhandlung kommt, hängt an der Laune der Ankläger – und die wiederum nicht selten an der politischen Provenienz des Angeklagten. Dieselbe Frau Nahles, die Wulffs Verhalten «unerträglich» fand, hatte umgekehrt keinerlei Einwände, als sich der rheinland-pfälzische Ministerpräsident Kurt Beck eine Geburtstagssause aus Gebührengeldern des ZDF sponsern ließ. Auch die Reisebegleitung von Bundesaußenminister Frank-Walter Steinmeier hat nie jemanden sonderlich interessiert, dabei waren jede Menge Passagiere aus der SPD-Unterstützer-Szene mit an Bord, wenn er sich in fremde Länder aufmachte. Bei Außenminister Guido Westerwelle wiederum war es ein großer Skandal, als man in seiner Begleitung

Spender der FDP entdeckte. Auch Westerwelle hatte an keiner Stelle gegen die Beförderungsrichtlinien des Auswärtigen Amtes verstoßen. Aber er hatte den bösen Anschein erweckt, bestechlich zu sein, wie es anschließend hieß. In der Sphäre der moralischen Gerichtsbarkeit reicht immer schon der Anschein, um über jemanden den Stab zu brechen.

Auch Demokratie braucht Großzügigkeit. Wo kommt bloß diese Angst her, dass sich jemand vom politischen Personal etwas herausgenommen haben könnte, das ihm nicht zusteht? Woher stammt dieser puritanische Vergleichs- und Aufrechnungsfuror? Geht es uns so schlecht, dass wir glauben, uns mit den politischen Repräsentanten keine Nachsicht mehr erlauben zu können? Natürlich ist es nicht schön, wenn jemand sich seinen Dienstwagen an den Urlaubsort bringen lässt oder den Hubschrauber der Flugbereitschaft zu einem privaten Abstecher nutzt. Aber es gibt schlimmere Vergehen – schlechte Politik zum Beispiel.

Man kann das immer weiter treiben. Man kann bei den Politikern jede Flugmeile nachzählen und jedes einzelne Sandwich, für das ein anderer die Zeche übernommen hat. Wir sind inzwischen schon so weit, dass die Bundeskanzlerin ihren Dienstwagen selber zahlen muss, wenn sie sich mit ihrem Mann nach der Arbeit ins Kino bringen lässt. Das gilt dann als Privatfahrt, auch wenn sie lieber das Taxi genommen hätte, was aber nicht geht, weil das gegen die Sicherheitsbestimmungen verstoßen würde. Also wartet draußen die Limousine, die als geldwerter Vorteil in Rechnung gestellt wird.

Wer in dieser Welt überleben will, in der einen schon ein falsch quittierter Dienstwagenkilometer zu Fall bringen kann, muss entweder ein Frömmler sein oder ein Eunuch. Bei anderer Gelegenheit werden wir dann wieder lesen, dass es den Politikern heute an Saft und Kraft fehlt. Aber was sollte jemanden mit attraktiven Berufsalternativen veranlassen, sich in ein Arbeitsfeld zu begeben, wo einen jederzeit Leute in Verruf bringen können, die ihrerseits völlig unbelangbar sind? Ein Franz Josef Strauß hätte es unter den herrschenden Moralnormen nicht einmal zum Kreisvorsitzenden gebracht. Wer das als Fortschritt betrachtet, sollte sich auch nicht beklagen, wenn seine Abgeordneten dann wie Buchhalter reden.

Viel wurde aus dem Umstand gemacht, dass Wulff vor dem Landtag in Niedersachsen nicht die volle Wahrheit gesagt hat. Aber was bedeutet das schon? Keinen der Abgeordneten, die in Hannover nach den geschäftlichen Verbindungen ihres Ministerpräsidenten fragten, trieb die Sorge um das Land; es ging darum, Wulff in Schwierigkeiten zu bringen. Das ist das gute Recht der Opposition, so ist Politik. Umgekehrt kann man aber von dem derart Bedrängten nicht verlangen, dass er den Gegnern die Argumente frei Haus liefert, an denen sie ihn dann aufzuknüpfen trachten. Es gibt auch im politischen Betrieb keine Verpflichtung zur Schafsköpfigkeit.

Wer von Politikern unbedingte Wahrheitsliebe fordert, ist entweder grenzenlos naiv – oder sieht absichtsvoll von den Bedingungen dieses Geschäftes ab. Wulffs Erklärung nutzte den Raum zwischen wahrheitsgemäßem Eingeständnis und kunstvoller Auslassung. Man kann das schlitzohrig finden, auch über die Maßen trickreich, aber all das begründet noch keinen Straftatbestand. Erst die bewusste Täuschung überschreitet die Grenze der Legalität. Die gilt es zu beweisen.

SPIESSER-ALARM

Was spricht gegen eine Klinkerfassade? Überhaupt nichts, wenn einem die Meinung des deutschen Feuilletons weitgehend egal ist. Oder eben sehr viel, wenn man zu den Menschen zählt, die sich auf ihre Weltläufigkeit viel zugute halten. Christian Wulff hat sich ein Haus mit Klinkerfassade gekauft. Möglicherweise ist das sein größter Fehler gewesen. Jeder hätte verstanden, wenn er sich eine Altbauetage in Hannover zugelegt hätte, dann auch mit einem Kredit von seinem Freund Maschmeyer. Aber 415 000 Euro für ein Fertighaus in Großburgwedel? Darüber kann man in den aufgeklärten Kreisen bis heute nur den Kopf schütteln.

Wohin sie blicken, überall erkennen die professionellen Betrachter Mittelmaß, einen erschreckenden Mangel an «Zeitgenossenschaft und Gestaltungwillen», wie es in der «taz» hieß. «Unglaublich bieder» erscheint ihnen alles an dem Ensemble («die Proportionen stimmen nicht und die Fensterkreuze sind nur aufgeklebt»), «trostlos» («Handelsblatt») auch das Ferienhaus. Die «FAZ» bemängelte gleich den ganzen Lebenszuschnitt der Bewohner und resümiert: «Es ist das Deprimierende an dieser Affäre, dass sie in jeder Situation immer wieder einen Mann zeigt, dessen Möglichkeiten mit den Ämtern wachsen, ohne dass sich die Verhältnisse seines Denkens ändern. Das geborgte Haus ist nur ein Klinkerhaus, der geschenkte Urlaub führt nicht auf eine Südseeinsel, die Piefigkeit ist immer wieder nur dieselbe Piefigkeit.» Mit anderen Worten: Einem flamboyanteren Mann hätte man seine Verfehlungen vielleicht verziehen, einem solchen Spießer auf keinen Fall.

Wer nach einer Erklärung sucht, warum so viele Deutsche so lange zu Wulff hielten, findet sie auch in dieser herablassenden Betrachtung einer Welt, die für die meisten Normalität ist. Das Stichwort hier ist Piefigkeit, dabei ist die soziodemographische Wahrheit, dass die überwiegende Zahl der Deutschen nicht auf naturgewachsten Altbaudielen in verkehrsberuhigter Innenstadtlage lebt, auch wenn die meisten Medien in Deutschland so tun (und in zunehmendem Maße die Volksvertreter in den Parteien). Die Mehrheit wohnt wie die Wulffs, in einem Reihenhaus in Randlage, mit Buchsbaum und Begonien im Garten und einem halbhohen Zaun, der das Grundstück von Straße und Nachbarn trennt. Deshalb ist es alles andere als verwunderlich, dass sie sich in dem Mann wiedererkannten, der im Schloss Bellevue residierte – und wenn man die Zeichen richtig deutet, auch in seiner Neigung, ganz genau darauf zu achten, wo sich noch etwas sparen lässt.

Die Wulff-Affäre ist nach acht Wochen endgültig auf der Ebene der Stilkritik angekommen. Aber dahin zielte sie im Grunde schon die ganze Zeit. Vielen erschien Wulff immer zu bieder für das Präsidentenamt, zu kleinbürgerlich in seinen Ansprüchen, ein Aufsteiger aus einem Milieu, das zu verachten in Deutschland Tradition hat, jedenfalls in den Schichten, die hierzulande den Ton angeben. Die intellektuelle Klasse hat dem Kleinbürger nie Sympathien entgegengebracht, anders als dem Arbeiter oder auch dem Habenichts. Der Kleinbürger gilt ihr als Minusvariante des Bürgers, ein Mensch von beschränktem Format. Klein, eng, verstellt ist seine Welt, Hort des Betulichen und Beschränkten, wo man am Wochenende den

Rasen mäht, Schnittblumen zum Muttertag schenkt und seinen Hund «Momo» nennt, alles Dinge, über die man in Hamburg-Eppendorf oder dem Prenzlauer Berg in Berlin nur die Nase rümpfen kann.

Von der Verachtung der Eliten hat schon Helmut Kohl profitiert. Ganze Generationen von Journalisten haben sich über seine Sprache lustig gemacht, die Münzsammlung auf dem Schreibtisch, die Vorliebe für einfache Hausmannskost. Sie konnten in ihm immer nur den Gimpel erkennen, das Trampel, den Tor. Nur übersahen sie dabei, dass sich die meisten Menschen in Deutschland im Spott über das Provinzielle mitverspottet sahen. So saß Kohl nach jeder Wahl einfach weiter neben seinem Fischtank, trank seinen Pfälzer Riesling und telefonierte sich durch die Welt, bis man sich am Ende gar nicht mehr an eine Zeit ohne ihn erinnern konnte.

Der Quoten-Traum des Intendanten

Am Ende wurden die Vorwürfe gegen Wulff immer kleiner. Zuletzt galt schon das Geschenk eines Autohändlers für den Sohn als skandalisierungswürdiger Vorgang. Dabei liegt die eigentliche Spießigkeit möglicherweise darin, den Wert jedes ungerechtfertigten Upgrades nachrechnen zu wollen. Wer zu kleinlich wird, macht sich auch selber klein, das ist nahezu unvermeidbar.

WER HAT ANGST VOR ALICE?

Was die Gleichstellung der Geschlechter angeht, liegt Nordrhein-Westfalen seit dem rot-grünen Wahlsieg 2010 weit vorn. Um eine «geschlechtersensible Erziehung» zu gewährleisten, werden alle Unterrichtsmaterialien auf «Ausgewogenheit und Rollenmuster bei der Darstellung von Frauen und Männern» überprüft, ganz so wie es die Grünen in ihrem Wahlprogramm versprochen hatten. Im Verwaltungsalltag gelten die Regeln des «Gender budgeting», also die strenge Quotierung bei allen öffentlichen Ausgaben, damit sich niemand zurückgesetzt fühlt. Selbstverständlich ist die Regierung auch bemüht, Gesetze und Vorschriften des Landes in «geschlechtergerechter Sprache» umzusetzen, wobei das vom eigens ins Leben gerufene Emanzipationsmininisterium angebotene «Gendering Add-In» für Microsoft Word eine fabelhafte Hilfe bietet.

Was liegt bei so viel emanzipatorischem Eifer näher als die dankbare Reverenz an eine der Ikonen der Gleichberechtigung? Seit Alice Schwarzer in Köln Quartier bezog und von dort ihre «Emma» in die Republik zu verschicken begann, dürfen einmal nicht nur Frankfurt oder Berlin als Ausgangspunkt einer Befreiungsbewegung gelten. Grund genug, stolz zu sein auf dieses Stück revolutionärer Geschichte, sollte man meinen. Doch das Gegenteil ist der Fall, wie sich mit etwas Verspätung, aber dafür umso eindrucksvoller zeigt. Statt die deutsche Mutter des Feminismus für ihren Einsatz zu würdigen, hat die neue Landesregierung, angeführt von der grünen Emanzipationsministerin Barbara Steffens, die staatlichen Zuschüsse für Schwarzers feministisches Archiv rückwirkend um zwei Drittel gekürzt. Anstelle von 210 000 Euro, wie mit der CDU-geführten Vorgängerregierung vereinbart, gibt es seit Anfang des Jahres nur noch 70 000 Euro, und auch diese Finanzierung steht auf wackligen Füßen, wenn man die Einlassungen der neuen Amtsinhaber in Düsseldorf richtig versteht.

Rot-Grün verweist auf Haushaltsnöte. Trotz aller «Wertschätzung für die großen Verdienste von Alice Schwarzer» müsse die Landesregierung sparen und dabei auch «die Verhältnismäßigkeit der Fördermittel zu anderen Frauenprojekten wahren», heißt es aus der Staatskanzlei. Das ist grober Unfug, der leicht als solcher zu durchschauen ist. Der Haushaltstitel, in den die Förderung von Schwarzers Archiv fällt, ist gerade um neun Millionen Euro erhöht worden. Das Geld geht jetzt nur an andere Träger, das Frauenkulturbüro in Krefeld zum Beispiel, das dafür einen «poetischen Erfahrungsaustausch» von Frauen für Frauen oder ein Debattenforum «zu Themen der Geschlechterrollen beziehungsweise des Feminismus in der Kunst Osteuropas» veranstaltet.

Was also hat Alice Schwarzer sich zuschulden kommen lassen? Sie hat sich nie das Maul verbogen, auch wenn es um den Teil des politischen Spektrums ging, der sich selbst als progressiv empfindet. Das ist das Vergehen, für das sie nun zur Rechenschaft gezogen wird. Schwarzer hat es insbesondere den Grünen nie leicht gemacht: Sie hat sich früh über die «Blut-und-Boden-Fraktion» der Ökopartei lustig gemacht und deren «Strickmütter», die nach ihrer Ansicht mit dem, «wofür ‹Emma› steht, nämlich totale

Chancengleichheit, gleiche Rechte, gleiche Pflichten, noch nie etwas anfangen konnten». Sie hat die «Anything-goes-Moral» der Linken attackiert und den «Kulturrelativismus», der die systematische Entrechtung von Frauen in der islamischen Welt als Teil einer religiösen Tradition wegzuerklären versucht.

Vor allem aber hat sie sich nie mit dem Ethos des Kollektivs abgefunden, das auf jede Ausnahmestellung mit Abwehr reagiert. «Ich weiß noch, wie ich das erste Mal im Frauenzentrum saß», berichtete sie kürzlich im SPIEGEL über ihre Rückkehr 1974 aus Paris: «Da hob eine Frau zwei Hände. Ich fragte, warum hebt die denn zwei Hände? Da hieß es: Meldung zur Geschäftsordnung. Da dachte ich, nein, Mädels, das mache ich nicht mit.» In Frankreich hatte man einfach lauter geschrien als die anderen, wenn man etwas sagen wollte. In Deutschland hieß es: Setz dich, du bist noch nicht dran. Auch weil sie sich nicht solchen Selbstverzwergungsritualen beugte, ist Schwarzer heute dort, wo viele ihrer ehemaligen Mitstreiterinnen gerne wären.

Spätestens seit sie ihre Sympathien für Angela Merkel erkennen ließ, sind die Grünen durch mit der Frauenrechtlerin aus Köln. Seitdem hat sie aufgehört, für diese «kritische Stimme» beziehungsweise «Sprachrohr des Feminismus» zu sein, wie die nordrhein-westfälische Landesvorsitzende Daniela Schneckenburger nach dem Wahlsieg von Schwarz-Gelb 2009 schlankweg erklärte. Wichtiger als das Glück über das Erreichte, ist in diesen Kreisen immer noch die Gesinnungstreue. Man hätte als Frau auch darauf stolz sein können, dass es eine junge Tory-Abgeordnete namens Margaret Thatcher gegen alle Widerstände und Bigotterie an die Spitze der britischen Regierung brachte, tatsächlich ist dieser Aufstieg ein Paradefall geglückter Emanzipation, wie die Filmbiographie über die «eiserne Lady» im Frühjahr noch einmal eindrucksvoll in Erinnerung rief. Aber dieser Ehrenplatz in der Ahnengalerie starker Frauen wird wohl ebenfalls für immer leer bleiben.

Den modernen Feminismus, wie ihn die Nachfolgegeneration verkörpert, treibt keine politische Idee mehr. Hinter dem Versprechen der Emanzipation steht nur noch die Vorteilsgewinnung, deshalb auch die Verkürzung jeder Diskussion auf die Quote. Gleichstellungspolitik funktioniert hier folgerichtig als Patronage der eigenen Anhängerschaft. Wer dazu nicht zählt, soll sich nicht beschweren: Was eine Fehlinvestition ist, weiß man auch bei Rot-Grün, so viel von Haushaltsdingen versteht man dann doch.

LISTE DES SCHRECKENS

Auch Ängste lassen sich politisch kartographieren. Wovor müssen wir uns in den kommenden Monaten fürchten, wenn man den aufgeklärten Medien glauben darf? Ein Ausblick auf fünf Katastrophen, die uns in diesem Jahr drohen. Und im nächsten.

1. *Die soziale Spaltung in Deutschland vertieft sich.* Die Wirtschaft trotzt allen Krisen, die Nettoeinkommen legen zum ersten Mal seit langem wieder zu, dennoch werden uns wieder jede Menge Studien erreichen, wonach sich die Armut weiter verfestigt. Höhepunkt dieser Art von Notstandsberichterstattung war im vergangenen Jahr ein UN-Bericht, wonach jedes vierte Kind in Deutschland hungrig in die Schule kommt. Es stellte sich dann zwar heraus, dass Deutschland offenbar mit Honduras verwechselt wurde, aber ein Teil der Bundesbürger scheint für solche Meldungen sehr empfänglich zu sein. Manche sehen diese Sensibilität als ein Zeichen dafür, dass das soziale Gewissen in Deutschland besonders ausgeprägt ist. Vielleicht steckt dahinter aber auch einfach die Angst, dass der Mob eines Tages im Vorgarten steht, wenn man ihn nicht ausreichend pazifiziert.

2. *Guttenberg kehrt zurück.* Eigentlich sollte man meinen, dass man die Dinge, den Freiherrn betreffend, wieder etwas gelassener sehen kann. Sein erster Comeback-Versuch darf als gescheitert gelten, das Kanzleramt wird er also vorerst nicht mehr erreichen, und auch bei den

Interview-Partnern ist die Auswahl auf längere Sicht eher eingeschränkt (was macht eigentlich Pastor Fliege?). Aber weil Guttenberg wie kein anderer in Deutschland die politischen Leidenschaften der Massen zu entzünden vermag, gilt er weiterhin als jemand, den man besser von jedem politischen Amt fernhält. Dem Volk ist nie ganz zu trauen, wie man weiß, Demokratie hin oder her.

3. *Brüssel erzwingt die Vorratsdatenspeicherung.* Im Lexikon der nationalen Phobien liegt die Datensammelangst weit vorn. Da lassen wir uns auch von der Praxis bei unseren Nachbarn nicht eines Besseren belehren. Oder durch irgendwelche Anschläge auf türkische Gewerbetreibende, allen Beileidsbekundungen zum Trotz. Nach der Mordserie der rechten Terrorzelle aus Thüringen hätte die Polizei zu gerne gewusst, mit wem die Attentäter so alles Kontakt hielten, bevor sie sich das Lebenslicht ausbliesen. Aber weil die Telefonunternehmen in Deutschland ihre Verbindungsdaten nach wenigen Tagen wegwerfen, konnten die Ermittler leider kein Licht in dieses Dunkel bringen. Mal sehen, ob unsere tapfere Justizministerin auch dieses Jahr in ihrem Kampf gegen die Datenkrake die Oberhand behält. Notfalls auch gegen den Europäischen Gerichtshof, der uns auf Linie bringen will, da sind wir ausnahmsweise mal gerne ganz deutsch.

4. *Handys machen doch krank.* Dem Atomtod sind wir mit der Energiewende in letzter Sekunde von der Schippe gesprungen, aber das heißt nicht, dass wir nun vor dem Strahlentod sicher wären. Es gibt so viele Gefahrenquellen, angefangen von der Mikrowelle, der man in ökologisch gestimmten Haushalten bis heute nicht wirklich über den Weg traut. Wer weiß, ob nicht doch das Handy am Ende Gehirnkrebs verursacht. Man hört ja so viel über Forschungsergebnisse, die von der Industrie unterdrückt

werden. Möglicherweise gibt es auch einen Zusammenhang zum Burnout, den wir nur noch nicht sehen. Dass es den Erkrankten hilft, wenn sie mal das Telefon zur Seite legen, scheint ja bereits erwiesen.

5. *Die Amerikaner verlieren endgültig den Verstand ...* und wählen einen Republikaner zum Präsidenten. Erinnert sich noch jemand an die Begeisterung über den Wahlsieg von Barack Obama? Gut, der Mann hat sich als Riesenenttäuschung erwiesen. Aber nicht auszudenken, wenn nun der Erzkapitalist Mitt Romney aus den Novemberwahlen siegreich hervorgehen sollte. Zuzutrauen ist den Amerikanern alles, sie haben schließlich auch George W. Bush ins Weiße Haus gewählt. Und Ronald Reagan. Gegen den Wahlsieg eines Republikaners nimmt sich jeder andere Schrecken wie ein Kinderspiel aus, dagegen kommt nur noch der von den Maya prophezeite Weltuntergang an. War der nicht auch für Ende 2012 vorgesehen?

STATT EINES NACHWORTS:
DIE REAKTION DER LESER

Der «Schwarze Kanal» hat von Anfang an große Zustimmung ausgelöst – und noch mehr Kritik. Einige Leser reagieren geradezu verstört auf die in dieser Kolumne vorgetragenen Ansichten, wie ein Blick in das «Forum» zeigt, in dem bei SPIEGEL ONLINE jeder seine Meinung hinterlassen kann. Weil Kritik ja oft aufschlussreicher ist als Lob, eine kleine Auswahl an Protestnoten von Ge- und Betroffenen.

Diesem Mann müsste man das Schreiben verbieten.
Aber wir haben ja Meinungsfreiheit.
    das_dunkle_orakel

Ich fordere alle Forenteilnehmer auf, diesen Mann
gänzlich zu boykottieren. Ich finde es eine absolute
Frechheit, was dieser Herr vom Zaun lässt. Es wäre
unverzeihlich, sollten wir weiter so eine demagogische,
menschenverachtende Schreibe tolerieren.
    emiliolojo

Ich empfehle Herrn Fleischhauer mal psychologischen
Rat einzuholen.
    mussec

In seiner Persönlichkeit schwer gestört. Der Mann ist schlicht krank.
dr.epernay-boiler

Zahlt SPIEGEL ONLINE eigentlich auch in einen Fonds, mit dem Herr Fleischhauer seinen Verfolgungswahn therapieren kann? Ich meine, diese unsägliche Verhetzung tritt so ja bei keinem anderen Kommentar-Autor auf.
quarto

Ernsthaft, Herr Fleischhauer, ich empfehle Ihnen sich mal 'nen Therapeuten zu suchen, was Ihren Anti-Grünen/ SPD/Linken-Wahn betrifft. Das ist ja schon krankhaft, was Sie hier abziehen mit Ihren Artikeln jede Woche.
thepunisher75

Seine Kolumnen sind die Therapie! Der SPIEGEL ist die Couch, auf der er sich wälzt – und wir Foristen sind der kollektive Psychiater, der teils staunend, teils amüsiert die Fortschritte und Rückfälle des Patienten begutachtet.
Ducasse

Der Herr Fleischhauer ist einer der unangenehmsten Schreiberlinge, die ich kenne.
fordp

Ich halte ja den werten Kolumnisten grundsätzlich für den unsäglichsten auf SPON.
ardschuna

So eine Art Sarah Palin in der männlichen Version.
alexbin

Der Prototyp des verhinderten Burschenschaftlers mit
dem geistigen Horizont einer Stubenfliege.
    Deepthought42.0815

Ehrlich: ich habe Broder fast gehasst. Aber wie sehr
vermisse ich heute seine intellektuelle Brisanz!
Nein, dieses blasse Würstchen ist nicht annähernd ein
akzeptabler Ersatz. Liebe SPIEGEL-Redaktion:
es mag schwierig sein, intelligente Rechte zu finden,
aber schickt Eure Talentscouts doch noch mal los.
    syrancusa

Der Autor hat bisher noch keinen einzigen intelligenten
Artikel auf SPON veröffentlicht, nur billigste Polemik
und Provokationen, gegen die die auf «Bild» betriebene
Hetze noch originell ist.
    kleintal

Das Niveau dieser Kolumne bleibt konstant, nämlich
ganz unten.
    macfan

Auf niedrigstem Niveau.
    EinäugigerKönigderBlinden

In der Tat widerlich. Mir wird schlecht.
    tafelsilber

Man kann nur noch auf den Tritt in den Hintern hoffen.
    hoernsche

*Ich weiß, das Recht auf Arbeit ist für alle im Grundgesetz
festgeschrieben, aber muss es sich bei dieser Person
ausgerechnet in der Ausformung «SPIEGEL-Kolumnist»
manifestieren?*
mechanix60

*Herrn Fleischhauers Kommentar ist einfach nur
menschenverachtend. In seiner wortreichen Gewalt,
steht er Gewalttätern eigentlich in nichts nach.*
supercat71

*Herr Fleischhauer ist da angekommen, wo anständige
Konservative zu Hause sind: am Stammtisch der Sexisten
und Chauvinisten. Da hoffe ich dann doch, dass eine
Horde Frauen das Büro von Herrn Fleischhauer stürmt
und ihm gehörig auf die Löffel haut.*
ArnoNuem

*Fleischi ist das fleischgewordene journalistische Pendant
zu Charaktergrößen a la Guttenberg oder Westerwelle.*
peter20

*Fleischhauer – die letzte Bastion journalistischer
Unvernunft*
lynx2

*Ich frage mich, wie lange uns SPON das meist wirre
Gestammel des Herrn Fleischhauer zumuten möchte.
Frei von jeglichem Sachverstand kann dieser Mensch
seinen ideologischen Müll aus dem letzten Jahrhundert
jede Woche hier absondern. Merkwürdig, so etwas hätte
es früher beim SPIEGEL nicht gegeben.*
geronimo49

Schwach ist schon ein Lob für den Müll von
«Dr. Fleischhauer». Gehen Sie doch lieber
als Reservenotar zu «DSDS». Dann steigern Sie
wenigstens etwas Ihr Niveau, Fleischhauer.
     redpirate37

Seine Kolumne soll ja in erster Linie «stramme
Konservative» bedienen. Sie wissen schon, diese Gruppe
wissenschaftlich erwiesener Maßen kognitiv Minder-
bemittelter mit simplizistischem Schwarz-Weiß-Weltbild.
Und da kann es gar nicht genug einseitig, konsturiert,
bigott sein.
     freqnasty

Das hat doch nichts mehr mit anderer Meinung oder
konservativ zu tun. Das ist die blanke polemische Hetze.
Der Autor übertrifft den Namensgeber seiner Kolumne,
Karl-Eduard von Schnitzler, um Längen. Widerlich!
     eslebederschwachsinn

Herr Fleischhauer, Sie outen sich wieder mal als Kretin
und hoffnungsloser Militarist, was in Kombination
mit Ihrem beschränkten Intellekt eine wirklich brand-
gefährliche Mischung ergibt.
     syracusa

Ich würde Ihnen raten, es einfach zu lassen, Herr
Fleischhauer. Das was Sie machen ist Realsatire.
Allerdings aus meiner Sicht unabsichtlich.
     freeagent

Fleischhauers Elaborate werden immer ekelhafter. Nur der nervende Hardcore-Kathole Mattusek ruft bei der SPIEGEL-Lektüre noch ein ähnliches Ekelgefühl hervor.
juerv1

Als ob Montage nicht schon schlimm genug wären.
Red Herring

Unerträglich und an Arroganz kaum zu überbieten. Ganz ganz furchtbar.
wrangel76

Eine Schande für SPIEGEL ONLINE.
team_gleichklang_de

Erbärmlich.
Incredibleois

Bin ich eigentlich der einzige, dem die erstaunlich große Anzahl an Parallelen zwischen Fleischhauer und Ned Flanders von den Simpsons aufgefallen sind? Hippie/ Beatnik-Kind? Check. Flucht in erzkonservative Weltanschauungen als Ausdruck ultimativen Protestes? Check. Äußeres Erscheinungsbild? Nun, Fleischhauer sollte sich noch nen Pornobalken wachsen lassen, dann passt es auch hier.
freqnasty

Gott lass Hirn regnen und schick Fleischhauer ohne Schirm auf die Straße!
A.Schmid-Ohrem

Ach, Herr Fleischhauer, heute ist mir klar geworden: Sie haben beschlossen, als Karikatur ihren Lebensunterhalt zu verdienen. Die Insignien des burschenschaftlich gestählten Juristen (glatter Seitenscheitel, rahmenlose Brille) haben Sie sich im Kostümverleih ja schon besorgt.
    phffm

Gut dass Dummheit und Selbstgefälligkeit nicht weh tun! Sonst würde Herr Fleischhauer den ganzen Tag vor Schmerzen brüllen.
    burno09

Nach Lektüre des neuesten Ergusses von Herrn Fleischhauer fiel mir zu diesem Menschen nur noch ein Wort zu einem Körperteil ein, das ich hier nicht zitieren kann.
    Helmetzer

Was mir einfällt zu Artikel und Autor ist zum einen der englische Ausdruck «anally retentive» und der Begriff «Diktatur der Deppen»
    Delphianer

Wie lange müssen wir das noch ertragen, bis die Schmalzlocke des Populismus endlich in Rente geht?
    mangeder

Die Lektüre Fleischhauer'scher Ergüsse kommt jedes Mal aufs Neue einer Qual gleich. Vielleicht bin auch nur Masochist.
    berpoc

Ich persönlich werde über eine Kündigung meines
SPIEGEL-Abo ernsthaft nachdenken. Bis Ende Juni ist
die Rechnung bezahlt, danach wird eine Entscheidung
fällig. Ich kann mir allerdings nicht vorstellen, dass ich
als Leser auf meine Macht verzichte, solch schlechten
Journalismus dorthin zu schicken, wo er hingehört ...
auf den Müllhaufen.

Zelot

Immer wenn man glaubt, tiefer kann der doch nicht
sinken, schafft er es sein unterirdisches Niveau nochmals
zu unterschreiten.

Monty68

Fleischhauer dreht immer mehr ab.

Denseman

Was soll dieser zu spät geborene, eitle Möchtegern-
Wilhelminer eigentlich bei SPON? Kann man den
nicht einfach an die «Junge Freiheit» oder irgendeine
schlagende Verbindung weiterverschenken?

hinnerk18

Wie immer das Fleischhauerbübchen mit seinem
viktorianischen Bewerbungsfoto trieft mal wieder vor
Neid. Hr. Fleischhauer warum schreiben Sie nicht
für die «Welt»? WELT Dir Deine Meinung.

klemme61

Sie können Anzug und Krawatte ausziehen, Herr
Fleischhauer. Seriösität kauft Ihnen hier niemand mehr
ab. Ab zu «Bild» oder «Bunte».

Ohli

Fleischi steigert sich: Noch weniger Fakten, noch mehr dummes Zeug. Fleisch ... Aua.
SNA

Viel mehr Blödsinn geht eigentlich nicht.
habegenugvondenlügen

Nennen Sie mir den Namen des Redakteurs, der Sie immer noch schreiben läßt. Wenn man mit solch banalem Geschreibsel und allgemein unreflektiertem Gedankenausstoss Geld verdienen kann: Das will ich auch! Blabla ohne Not, quasi anstrengungsloser Journalismus und damit Kohle einfahren. Geil! Das schaff ich sogar ohne Hauptschul-Abschluss noch locker!
Durruti100

Sein Geschriebenes gleicht seinen unsäglich, peinlichen TV Auftritten. Wer innerlich so hassgeprägt ist, vermag einfach nicht die Dinge sachlich, objektiv zu betrachten.
DaStah

Ich frage mich jedes Mal aufs Neue, woher J. F. wohl die schier unerschöpflichen Reserven an Bosheit und Gehässigkeit nimmt, mit denen er alles, was (ihm) links ist, überschuttet.
Brand-Redner

Fleischhauer, der sich vermutlich in seiner Jugend in linken Kreisen bewegte, scheint schon damals so unsympathisch gewesen zu sein, dass er bei den linken Frauen nie zum Zuge kam. Anders kann ich mir seine Geisteshaltung nicht mehr erklären ...
DergerechteZorn

Herr Fleischhauer, was Sie von sich geben, ist weder konservativ, noch liberal. Es ist schlicht jede Woche der Aufruf zum Feudalismus.
ach-nur-so

Sie kleiner Wichtigtuer können doch nicht einmal einen Nagel in die Wand schlagen.
Ylex

Dass solche reaktionären Hetzer im ehemaligen «Sturmgeschütz der Demokratie» eine Plattform kriegen, zeigt eindrucksvoll dessen Niedergang auf.
bite_me

Kurz und grundsätzlich gefragt. Gibt es bei Veröffentlichungen wie dieser einen die Veröffentlichung freigebenden Chefredakteur?
dirk.1966

Lieber SPON, jetzt mal unter uns: der Fleischhauer hat doch was gegen Euch in der Hand; der erpresst Euch doch, dass Ihr seine Beiträge veröffentlichen müsst. Freiwillig würde doch keine anständige Redaktion so was rauslassen. Oder habt Ihr Anweisungen von ganz oben? Von Bertelsmann oder so?
Neurovore

Meine Vermutung: Jan Fleischhauer ist ein trojanisches Pferd der «Titanic». Satire in ihrer höchsten Güte!
D.G.

*... allerdings bin ich eher der Meinung, dass es sich hier
um einen trojanischen Esel handeln könnte ... :)*
   HtFde

*Meine Vermutung: Fleischhauer ist nur ein (von Martin
Walser erfundener) nom de guerre, ein «sprechender»
Kampfname eines (zweite Vermutung) Androiden, der
gekommen ist, um die Welt und DIE WELT zu retten.*
   joschitura

*Jan Fleischhauer steht sicher auch auf der Gehaltsliste von
Rupert Murdoch. Intellektuell ist sein wirres Gekritzel ja
unter dem Niveau eines 10-jährigen Hauptschülers.*
   Stammzelle

*Im Grunde ist es gut, dass der SPIEGEL Herrn F. hier
schreiben lässt, macht man so doch deutlich, dass das
Gegenteil vom ‹linken Gutmenschen› nunmal der ‹rechte
Schlechtmensch› ist.*
   gokahe

*Es ist mir immer wieder ein Grauen, den Schwachsinn,
den Sie absondern, begegnen zu müssen. Es schüttelt mich
regelmäßig. Irgendwann müsste es Ihnen doch mal selbst
peinlich sein?!*
   dasbertl

*Pass mal auf, Fleischmann: Typen wie Du kommen immer
erst hervor, wenn keine Gefahr mehr droht, aber heulen,
wenn sie einen Ball ins Gesicht kriegen.*
   nuku.alofa

Tja, Herr Fleischhauer, ich fürchte, der Schuss ging nach hinten los. Leider nur in metaphorischem Sinn.
vineland

Aus den Wasserhähnen in der Umgebung seiner letzten Ruhestätte sprudelt wahrscheinlich Sodawasser …
Calman

Wrghhh … grmmmmghpff … rrrrrcchchhhhh.
Neurovore

Fleischhauer bitte abschalten, jetzt!
mofateam

MEIN HERZLICHSTER DANK GILT

allen Kollegen bei SPIEGEL ONLINE, die für den «Schwarzen Kanal» Sorge getragen haben, auch wenn ihre eigenen Überzeugungen oft in eine ganz andere Richtung gingen;

den vielen Kollaborateuren, die mich gewollt (oder ungewollt) mit Anregungen und Ideen versorgten;

den Floristen, deren Einträge im «Forum» mir immer wieder ein Ansporn waren;

allen voran aber Roland Nelles und Rüdiger Ditz, ohne die es nie so weit gekommen wäre, Jakob Augstein, dem unermüdlichen Antreiber von der anderen Seite, Olaf Kanter für seine nie nachlassende Geduld und natürlich Bernd Musa und Rainer Staudhammer, die stets die Zeit fanden, mir mit Daten und Fakten auf die Sprünge zu helfen.

PERSONENREGISTER

Ein Mann sieht rot

Wer links ist, lebt im schönen Gefühl, immer Recht zu haben. In der Politik haben sich die Linken oft geirrt, aber irgendwie macht das nichts, immer werden ihnen die besten Motive zugebilligt. Warum eigentlich? Jan Fleischhauer hat einen Großteil seines Lebens unter Linken verbracht. Jetzt unterzieht er sie einer genauen Betrachtung – mit dem Abstand desjenigen, der irgendwann entdeckte, dass er nicht mehr dazugehört. Sein Buch ist Analyse, Polemik und persönlicher Erfahrungsbericht.

«Mit so viel Witz und scharfer Intelligenz hat sich noch keiner in Deutschland die Linke vorgenommen.» *Roger Köppel, Die Weltwoche*

Das Hörbuch ist bei der Deutschen Grammophon Literatur unter der Katalognummer 06025 2742503 0 erschienen.

LITERATUR

Aktualisierte und erweiterte Ausgabe rororo 62478

Sb · 006/1 · Rowohlt online: www.rowohlt.de · www.facebook.com/rowohlt